MINISTÈRE DE LA GUERRE

COMPTE GÉNÉRAL
ET DÉFINITIF
DES DÉPENSES DE L'EXERCICE 1914

MAROC

PARIS
IMPRIMERIE NATIONALE

1920

MINISTÈRE DE LA GUERRE

COMPTE GÉNÉRAL
ET DÉFINITIF
DES DÉPENSES DE L'EXERCICE 1914

MAROC

PARIS
IMPRIMERIE NATIONALE

1920

NOTE PRÉLIMINAIRE.

EFFECTIFS.

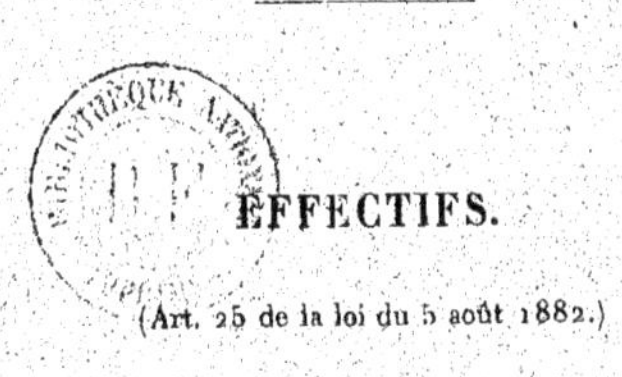

(Art. 25 de la loi du 5 août 1882.)

Le rapprochement de l'effectif budgétaire avec l'effectif moyen réalisé tel qu'il est indiqué dans les comptes de journées publiés à titre d'annexe fait ressortir les différences indiquées dans le tableau d'autre part et résumées ci-après :

1° Officiers	361 en moins.
2° Troupe	4,820 en moins.
3° Chevaux	1,655 en plus.

TABLEAU COMPARATIF de l'effectif budgétaire avec l'effectif moyen réalisé en 1914 pour le Maroc.

NUMÉROS des chapitres	NUMÉROS des articles	DÉSIGNATION DES CHAPITRES ET ARTICLES.	1° OFFICIERS. Effectifs soldés prévus.	1° OFFICIERS. Effectifs soldés réalisés.	OFFICIERS. Réalisations. En plus.	OFFICIERS. Réalisations. En moins.	2° TROUPE. Effectifs soldés prévus.	2° TROUPE. Effectifs soldés réalisés.	TROUPE. Réalisations. En plus.	TROUPE. Réalisations. En moins.	OBSERVATIONS.
		1° TROUPES MÉTROPOLITAINES.									
		ÉTAT-MAJOR GÉNÉRAL ET SERVICES GÉNÉRAUX DE L'ARMÉE.									
1	1	État-major général	6	4	»	2	»	»	»	»	
1	2	Services d'état-major	72	84	12	»	»	»	»	»	
1	3	Contrôle de l'Administration de l'armée	1	1	»	»	»	»	»	»	
1	4	Affaires indigènes et interprètes militaires	200	219	19	»	»	»	»	»	
1	5	Service géographique	10	10	»	»	»	»	»	»	
1	6	Services de la Trésorerie et des postes	37	41	4	»	»	»	»	»	
		Totaux	326	359	35	2	»	»	»	»	
		Différences finales			33				»		
		ÉTATS-MAJORS ET SERVICES PARTICULIERS.									
2	1	État-major particulier de l'artillerie	14	14	»	»	10	12	2	»	
2	2	État-major particulier du génie	40	42	2	»	8	9	1	»	
3	»	Service de l'intendance militaire	87	79	»	8	»	»	»	»	
4	»	Service de santé	230	180	»	50	»	»	»	»	
5	»	Vétérinaires militaires et dépôts de remonte	39	36	»	3	(1) 475	185	»	290	(1) Déduction de 3 p. o/o pour incomplet dans la troupe (15).
15	1	Justice militaire	11	5	»	6	13	6	»	7	
		Totaux	427	358	2	71	506	212	3	297	
		Différences finales			69				294		
		CORPS DE TROUPE.									
6	»	Solde de l'infanterie	705	783	78	»	(2) 30,380	33,600	3,210	»	(2) Déduction de 5 p. o/o pour incomplet dans la troupe (1,600).
7	»	Solde de la cavalerie	186	155	»	31	(3) 3,739	4,210	471	»	(3) — — (198).
8	»	Solde de l'artillerie	85	69	»	16	(4) 2,734	2,395	»	339	(4) — — (144).
9	»	Solde du génie	45	38	»	7	(5) 1,830	1,403	»	427	(5) — — (102).
10	»	Solde de l'aéronautique militaire	6	5	»	1	(6) 87	80	»	7	(6) — 3 p. o/o — (3).
11	»	Solde du train des équipages militaires	51	58	7	»	(7) 2,794	(10) 3,128	334	»	(7) — 3 p. o/o — (157).
12	»	Solde des troupes d'administration	9	6	»	3	(8) 1,915	2,007	92	»	(8) — 3 p. o/o — (55).
13	»	Solde de la gendarmerie	6	8	2	»	(9) 281	308	27	»	(9) — — (9).
		Totaux	1,093	1,121	88	59	43,960	48,181	5,034	813	(10) À ajouter 2,736 convoyeurs.
		Différences finales			29				4,221		
22	2	SERVICE DES REMONTES ET HARAS MAROCAINS	17	11	»	6	94	77	»	17	
		Total pour les troupes métropolitaines	1,863	1,850	89	[illegible]	44,560	48,470	4,221	[illegible]	
		Différences finales			13				3,910		

... 1914 pour le Maroc.

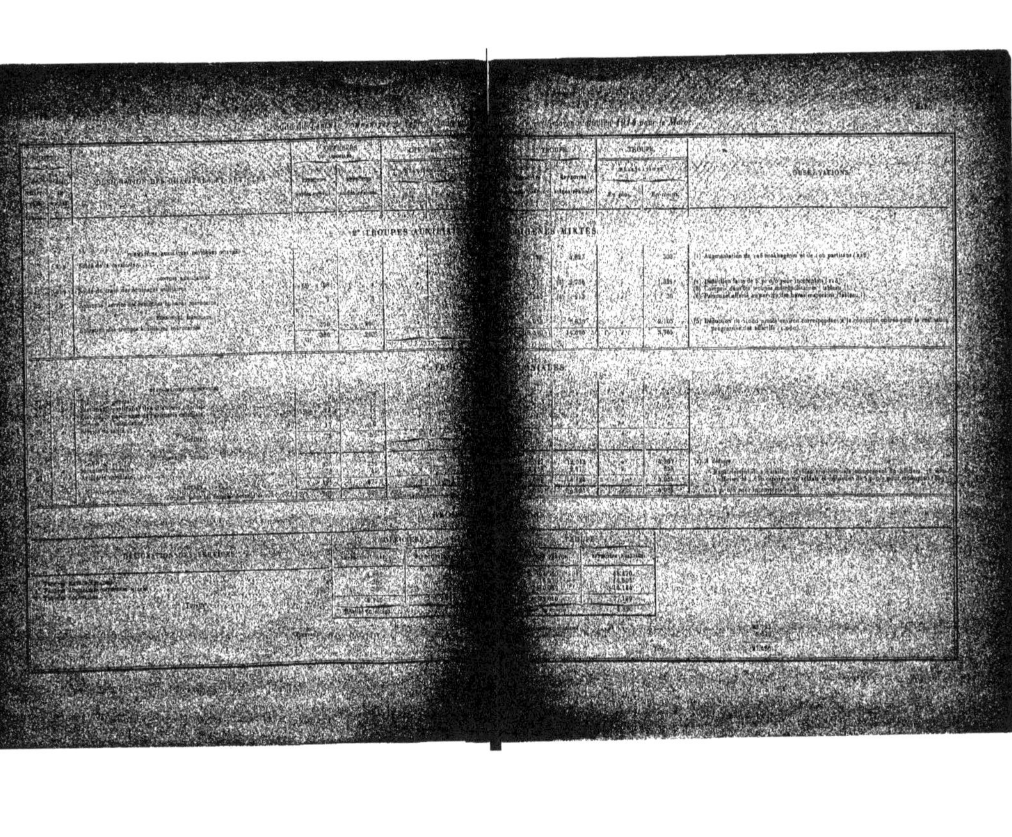

DÉSIGNATION DES CHAPITRES ET ARTICLES	OFFICIERS		TROUPE		TROUPE		OBSERVATIONS
					En plus.	En moins.	

4° TROUPES AUXILIAIRES ... MIXTES

Solde de la cavalerie	308	(1) Augmentation de 108 mokhaznis et de 100 partisans (218).
Solde de route des auxiliaires militaires	1,391	(2) Déduction faite de 5 p. 0/0 pour incomplets (...).
	30	(4) Personnel affecté au service des baux marocains (tableau 1).
	9,105	(5) Déduction ... correspondant à la réduction ...
	5,785	

5° TROUPES COLONIALES

[illegible]

OBSERVATIONS

ORIGINE DES CRÉDITS.

(Art. 234 du Règlement du 3 avril 1869.)

La loi de finances du 15 juillet 1914 a autorisé, parmi les services spéciaux du Trésor, l'ouverture d'un compte intitulé : « *Occupation militaire du Maroc* » (art. 48 de la loi).

Les crédits accordés par l'article 49 de ladite loi, pour les dépenses militaires comprises dans ce compte, s'élèvent à.. 231,965,940f 00c

En cours d'exercice, la répartition par chapitres de ces crédits a présenté des insuffisances pour quelques-uns et a fait ressortir des excédents pour d'autres.

En conséquence, des suppléments de crédits ont été demandés aux Chambres. Compte tenu des annulations, ces crédits supplémentaires se sont élevés à.. 13,653,640 00

Ce qui a porté le total des crédits nécessaires pour le budget du Maroc, pendant l'exercice 1914, à.. 245,619,580 00

Les lois et décrets qui ont alloué ces crédits ou prononcé ces annulations sont énumérés ci-après :

I. — Crédits.

1° *Crédits primitifs.*

Loi de finances du 15 juillet 1914.. 231,965,940f 00c

2° *Crédits supplémentaires.*

Décret du 12 novembre 1914.	Ratifiés par la loi du 29 mars 1915	10,000f 00c	16,653,640 00
Décret du 8 décembre 1914.		10,000 00	
Loi du 22 juin 1915....................		8,531,390 00	
Loi du 30 juillet 1915....................		5,100,000 00	
Loi du 26 novembre 1915....................		3,002,250 00	

A reporter.. 248,619,580 00

Report		248,619,580f 00c

3° *Rappels de solde.*

(Décret du 30 décembre 1915.)

Troupes métropolitaines	1,665,258 52	2,421,539 59
Troupes coloniales	756,281 07	
TOTAL des crédits		251,041,119 59

II. — ANNULATIONS.

1° Annulation sur les crédits primitifs. (Loi du 22 juin 1915.)	3,000,000 00	
2° Annulations relatives aux rappels de solde	2,421,539 59	
TOTAL des annulations	5,421,539 59	5,421,539 59
TOTAL GÉNÉRAL des crédits restant affectés aux dépenses du Maroc pour l'exercice 1914		245,619,580 00

Détail des crédits supplémentaires.

NUMÉROS DES CHAPITRES.	DÉSIGNATION DES SERVICES.	DÉCRETS RATIFIÉS PAR LA LOI du 29 mars 1915. Du 2 novembre 1914.	DÉCRETS RATIFIÉS PAR LA LOI du 29 mars 1915. Du 8 décembre 1914.	LOI DU 30 JUIN 1915.	LOI DU 30 JUILLET 1915.	LOI DU 26 NOVEMBRE 1915.	TOTAL par CHAPITRE du budget.	MOTIFS SOMMAIRES des allocations.
		francs.	francs.	francs.	francs.	francs.	francs.	
14	Frais de déplacement et transports	»	»	6,170,000	5,100,000	»	11,270,000	Insuffisance des prévisions.
16	Établissements pénitentiaires	»	»	4,810	»	»	4,810	
17	Réparations civiles	10,000	10,000	13,580	»	»	33,580	
23	Établissements de l'Intendance (personnel)	»	»	720,000	»	»	720,000	
25	Ordinaires de la troupe	»	»	1,623,000	»	3,002,250	4,625,250	
	TOTAUX	10,000	10,000	8,531,390	5,100,000	3,002,250	16,653,640	

DÉTAIL DES ANNULATIONS.

1° SUR LES CRÉDITS PRIMITIFS.

NUMÉROS DES CHAPITRES.	DÉSIGNATION DES SERVICES.	Du 2 novembre 1914.	Du 8 décembre 1914.	LOI DU 30 JUIN 1915.	LOI DU 30 JUILLET 1915.	LOI DU 26 NOVEMBRE 1915.	TOTAL par CHAPITRE du budget.	MOTIFS SOMMAIRES des allocations.
20	Établissements du génie			3,000,000	»	»	3,000,000	

2° ANNULATIONS RELATIVES AUX RAPPELS DE SOLDE.

NUMÉROS DES CHAPITRES.	DÉSIGNATION DES SERVICES.	DÉCRET du 30 DÉCEMBRE 1915.
		f.
	1° Troupes métropolitaines et troupes auxiliaires indigènes mixtes.	
1	État-Major général et services généraux	42,591 72
2	États-Majors particuliers de l'artillerie et du génie	10,180 44
3	Services de l'intendance	4,326 03
4	Service de santé	25,082 25
5	Vétérinaires militaires et dépôts de remonte mobile	2,419 27
6	Solde de l'infanterie	776,786 22
7	Solde de la cavalerie	179,350 58
8	Solde de l'artillerie	111,288 97
9	Solde du génie	61,079 76
10	Solde de l'aéronautique	6,544 33
11	Solde du train des équipages militaires	106,988 50
12	Solde des troupes d'administration	94,483 29
13	Gendarmerie	124,620 28
15	Justice militaire	2,939 62
33	Entretien des troupes auxiliaires marocaines	116,571 07
	Total	1,665,258 52

NUMÉROS DES CHAPITRES.	DÉSIGNATION DES SERVICES.	DÉCRET du 30 DÉCEMBRE 1915.
		f.
	2° Troupes coloniales.	
37	États-Majors	3,753 62
38	Service de l'intendance	1,612 22
39	Service de santé	589 97
40	Infanterie coloniale	642,357 32
41	Artillerie coloniale	109,077 94
	Total	756,281 07
	Report des troupes métropolitaines	1,665,258 52
	TOTAL GÉNÉRAL	2,421,539 59

Tableau récapitulatif de l'origine des crédits qui servent de base au Règlement des dépenses de l'exercice 1914.

Numéros des chapitres	Désignation des chapitres	Crédits primitifs ouverts par la loi de finances du 15 juillet 1914.	Augmentation des crédits		Total général.	Diminution des crédits			Crédits primitifs modifiés.	Observations.
			Crédits supplémentaires.	Virements. (Rappels de solde.)		Annulations sur les crédits primitifs.	Virements (Rappels de solde).	Total.		
		fr.	fr.	fr.	fr. c.	fr.	fr. c.	fr. c.	fr. c.	
	Occupation militaire du Maroc.									
	1re Partie. — Troupes métropolitaines et troupes auxiliaires indigènes mixtes.									
1	État-Major général et services généraux	3,482,950	»	»	3,482,950 00	»	42,591 72	42,591 72	3,440,358 28	
2	États-Majors particuliers de l'artillerie et du génie	595,540	»	»	595,540 00	»	10,186 44	10,186 44	585,353 56	
3	Service de l'intendance	917,310	»	»	917,310 00	»	4,326 03	4,326 03	912,983 97	
4	Service de santé	2,182,890	»	»	2,182,890 00	»	25,082 25	25,082 25	2,157,807 75	
5	Vétérinaires militaires et dépôts de remonte mobile	413,872	»	»	413,872 00	»	2,419 27	2,419 27	411,452 73	
6	Solde de l'infanterie	14,652,333	»	»	14,652,333 00	»	776,786 22	776,786 22	13,875,546 78	
7	Solde de la cavalerie	7,697,074	»	»	7,697,074 00	»	179,350 58	179,350 58	7,517,723 42	
8	Solde de l'artillerie	1,489,742	»	»	1,489,742 00	»	111,288 97	111,288 97	1,378,453 03	
9	Solde du génie	840,850	»	»	840,850 00	»	61,079 76	61,079 76	779,770 24	
10	Solde de l'aéronautique	202,500	»	»	202,500 00	»	6,544 33	6,544 33	195,955 67	
11	Solde du train des équipages militaires	2,081,169	»	»	2,081,169 00	»	106,988 69	106,988 69	1,974,180 31	
12	Solde des troupes d'administration	1,063,630	»	»	1,063,630 00	»	94,483 29	94,483 29	969,146 71	
13	Gendarmerie	847,650	»	»	847,650 00	»	124,020 28	124,020 28	723,629 72	
14	Frais de déplacement et transport	19,500,000	11,270,000	»	30,770,000 00	»	»	»	30,770,000 00	
15	Justice militaire	156,030	»	»	156,030 00	»	2,939 62	2,939 62	153,090 38	
16	Établissements pénitentiaires	37,990	4,810	»	42,800 00	»	»	»	42,800 00	
17	Réparations civiles	45,000	33,580	»	78,580 00	»	»	»	78,580 00	
18	Service géographique. — Matériel	48,000	»	»	48,000 00	»	»	»	48,000 00	
19	Établissements de l'artillerie	8,369,700	»	»	8,369,700 00	»	»	»	8,369,700 00	
20	Établissements du génie	36,428,000	»	»	36,428,000 00	3,000,000	»	3,000,000 00	33,428,000 00	
21	Service de l'aéronautique. — Matériel	875,000	»	»	875,000 00	»	»	»	875,000 00	
22	Remonte	4,475,280	»	»	4,475,280 00	»	»	»	4,475,280 00	
23	Établissements de l'intendance. — Personnel	926,000	720,000	»	1,646,000 00	»	»	»	1,646,000 00	
24	Pain et matériel du service des vivres	5,266,310	»	»	5,266,310 00	»	»	»	5,266,310 00	
25	Ordinaire de la troupe	23,126,740	4,689,250	»	27,815,990 00	»	»	»	27,815,990 00	
26	Fourrages	16,158,350	»	»	16,158,350 00	»	»	»	16,158,350 00	
27	Chauffage et éclairage	1,121,410	»	»	1,121,410 00	»	»	»	1,121,410 00	
28	Habillement et campement	14,617,070	»	»	14,617,070 00	»	»	»	14,617,070 00	
29	Couchage	1,717,490	»	»	1,717,490 00	»	»	»	1,717,490 00	
30	Dépenses diverses	14,760	»	»	14,760 00	»	»	»	14,760 00	
31	Baraquement	3,106,400	»	»	3,106,400 00	»	»	»	3,106,400 00	
32	Hôpitaux	4,092,000	»	»	4,092,000 00	»	»	»	4,092,000 00	
33	Entretien des troupes auxiliaires marocaines	18,332,390	»	»	18,332,390 00	»	116,571 07	116,571 07	18,215,818 93	
34	Dépenses des exercices périmés non frappées de déchéance	»	»	»	»	»	»	»	»	
35	Dépenses des exercices clos	»	»	»	»	»	»	»	»	
36	Rappels de dépenses payables sur revues antérieures à l'exercice 1914 et non frappées de déchéance	»	»	1,665,258 52	1,665,258 52	»	»	»	1,665,258 52	
	Totaux de la 1re partie	195,842,150	16,653,630	1,665,258 52	214,161,038 52	3,000,000	1,665,258 52	4,665,258 52	209,495,780 00	

Suite du *Tableau récapitulatif* de l'origine des crédits qui servent de base au Règlement des dépenses de l'exercice 1914.

NUMÉROS DES CHAPITRES.	DÉSIGNATION DES CHAPITRES.	CRÉDITS PRIMITIFS ouverts par la loi de finances du 15 juillet 1914.	AUGMENTATION DES CRÉDITS. Crédits supplémentaires.	Virements. (Rappels de solde.)	TOTAL GÉNÉRAL.	DIMINUTION DES CRÉDITS. Annulation sur les crédits primitifs.	Virements (Rappels de solde.)	TOTAL.	CRÉDITS PRIMITIFS modifiés.	OBSERVATIONS.
		fr.	fr.	fr.	fr. c.	fr.	fr. c.	fr. c.	fr. c.	
	3e Partie. — Troupes coloniales.									
37	États-Majors	529,080	»	»	529,080 00	»	2,743 62	2,743 62	526,336 38	
38	Service de l'intendance	163,700	»	»	163,750 00	»	1,012 22	1,012 22	162,737 78	
39	Service de santé	109,800	»	»	109,800 00	»	589 07	589 07	109,300 93	
40	Infanterie coloniale	12,188,120	»	»	12,188,120 00	»	642,257 32	642,257 32	11,545,862 68	
41	Artillerie coloniale	2,111,770	»	»	2,111,770 00	»	109,677 94	109,677 94	2,002,092 06	
42	Écoles. — Justice militaire et Réparations civiles	23,000	»	»	23,000 00	»	»	»	23,000 00	
43	Frais de déplacement	2,157,000	»	»	2,157,000 00	»	»	»	2,157,000 00	
44	Artillerie. — Matériel et Munitions	970,610	»	»	970,610 00	»	»	»	970,610 00	
45	Remonte	587,710	»	»	587,710 00	»	»	»	587,710 00	
46	Subsistances. — Chauffage et Éclairage	12,506,320	»	»	12,506,320 00	»	»	»	12,506,320 00	
47	Habillement, campement, couchage et harnachement	3,254,070	»	»	3,254,070 00	»	»	»	3,254,070 00	
48	Hôpitaux	1,415,950	»	»	1,415,950 00	»	»	»	1,415,950 00	
49	Gratifications de réforme et secours	45,000	»	»	45,000 00	»	»	»	45,000 00	
50	Dépenses des exercices périmés non frappées de déchéance	»	»	»	»	»	»	»	»	
51	Dépenses des exercices clos	»	»	»	»	»	»	»	»	
52	Rappels de dépenses payables sur revues antérieures à l'exercice 1914 et non frappées de déchéance	»	»	756,281 07	756,281 07	»	»	»	756,281 07	
	Total de la 3e partie	36,123,830	»	756,281 07	36,880,081 07	»	756,281 07	756,281 07	36,123,800 00	
	Report de la 1re partie	195,847,140	16,653,640	1,665,258 52	214,164,038 52	3,000,000	1,665,258 52	4,665,258 52	209,495,780 00	
	Total général	231,985,940	16,653,640	2,421,539 59	251,041,119 59	3,000,000	2,421,539 59	5,421,539 59	245,619,580 00	

Nos des chapitres du Compte général	DÉSIGNATION DES CHAPITRES	SITUATION DES DÉPENSES — Crédits accordés par le budget primitif et par des lois spéciales	Dépenses résultant des services faits. Droits constatés au profit des créanciers de l'État	Payements effectués sur les ordonnances des Ministres	Restes à payer à la clôture de l'exercice	RÈGLEMENT DES CRÉDITS — Crédits complémentaires accordés pour l'excédent des dépenses sur les crédits	Crédits annulés — Restes à payer sur les dépenses [illegible]	Crédits non consommés par les dépenses, annulés définitivement	Crédits non consommés par les payements, reportés à l'exercice suivant	Crédits définitifs égaux aux payements effectués sur l'exercice 1916	OBSERVATIONS
		fr. c.	fr. c.	fr. c.	fr. c.	fr. c.	fr. c.	fr. c.	fr. c.	fr. c.	
	OCCUPATION MILITAIRE DU MAROC.										
	TROUPES MÉTROPOLITAINES ET TROUPES AUXILIAIRES INDIGÈNES MIXTES.										
1	État-major général et services généraux	3,460,858 25	3,286,335 04	3,286,335 04	»	»	»	154,023 21	»	3,286,835 04	
2	États-majors particuliers de l'artillerie et du génie	585,353 06	583,695 55	583,695 55	»	»	»	1,658 51	»	583,695 55	
3	Service de l'intendance	917,083 97	816,809 26	816,809 26	»	»	»	90,174 71	»	816,809 26	
4	Service de santé	2,157,807 75	1,838,011 91	1,838,011 91	»	»	»	319,795 84	»	1,838,011 91	
5	Vétérinaires militaires et dépôts de remonte mobile	411,452 73	388,522 65	388,522 65	»	»	»	22,930 08	»	388,522 65	
6	Solde de l'infanterie	13,875,546 78	13,847,290 75	13,847,290 75	»	»	»	28,256 03	»	13,847,290 75	
7	Solde de la cavalerie	7,517,723 32	7,268,394 97	7,268,394 97	»	»	»	249,328 45	»	7,268,394 97	
8	Solde de l'artillerie	1,078,453 03	1,071,770 18	1,071,770 18	»	»	»	6,682 85	»	1,071,770 18	
9	Solde du génie	779,770 24	777,812 01	777,812 01	»	»	»	1,958 23	»	777,812 01	
10	Solde de l'aéronautique	196,055 67	187,026 33	187,026 33	»	»	»	9,029 34	»	187,026 33	
11	Solde du train des équipages militaires	1,974,189 31	1,924,236 58	1,924,236 58	»	»	»	49,953 33	»	1,924,236 58	
12	Solde des troupes d'administration	969,146 71	966,088 60	966,088 60	»	»	»	3,058 11	»	966,088 60	
13	Gendarmerie	720,090 79	717,292 90	717,292 90	»	»	»	2,797 06	»	717,292 90	
14	[illegible]	30,770,000 00	29,771,527 85	29,511,000 05	260,[illegible]	»	»	998,472 15	260,[illegible] 17	29,511,079 [illegible]	
15	Justice militaire	153,000 00	75,085 63	75,288 65	[illegible]	»	»	77,801 76	»	75,288 65	
16	Établissements pénitentiaires	42,800 00	32,758 46	32,391 64	[illegible]	»	»	97 56	366 80	42,391 64	
17	Recrutement [illegible]	78,050 00	56,228 46	55,978 46	[illegible]	»	»	22,351 54	250 00	55,978 46	
18	Service géographique. — Matériel	52,000 00	21,238 71	21,238 71	»	»	»	30,761 29	»	21,238 71	
19	Établissements de l'artillerie [illegible]	8,309,200 00	3,871,893 61	3,853,063 05	[illegible]	»	»	4,437,036 39	17,830 56	3,853,063 05	
20	Établissements du génie	33,488,000 00	22,692,310 36	22,646,726 09	[illegible]	»	»	10,795,080 85	45,592 07	22,646,726 09	
21	Service de l'aéronautique. — Matériel	835,000 00	229,238 53	227,796 83	[illegible]	»	»	605,761 47	1,441 50	227,796 83	
22	Remonte	[illegible]	2,646,090 87	2,570,070 87	[illegible]	»	»	1,627,159 13	77,330 00	2,570,070 87	
23	Établissements de l'intendance. — Personnel	1,916,000 00	1,817,034 01	1,817,034 01	»	»	»	94,005 99	»	1,817,034 01	
24	Pain et [illegible] du service des vivres	3,905,810 00	3,914,595 81	3,886,586 40	[illegible]	»	»	[illegible] 19	28,009 41	3,886,586 40	
25	[illegible] de la troupe	27,815,000 00	27,226,907 45	27,225,392 42	[illegible]	»	»	587,082 55	1,515 03	27,225,392 42	
26	Fourrages	16,158,050 00	9,863,546 50	9,862,192 94	[illegible]	»	»	6,294,503 70	1,353 56	9,862,192 94	
27	Chauffage et éclairage	1,121,410 00	678,218 72	676,021 39	[illegible]	»	»	443,131 53	[illegible]	676,021 39	
28	Habillement et campement	14,917,850 00	11,579,145 50	11,125,688 92	[illegible]	»	»	3,038,524 31	453,456 67	11,125,688 92	
29	Couchage	1,717,000 00	280,[illegible] 87	280,091 72	[illegible]	»	»	1,437,036 33	811 05	280,091 72	
30	[illegible]	13,760 00	3,[illegible] 97	3,727 57	[illegible]	»	»	10,049 03	116 40	3,727 57	
31	Harnachement	3,108,050 00	2,907,960 [illegible]	2,869,151 20	[illegible]	»	»	200,050 08	38,818 70	2,869,151 20	
32	Hôpitaux	4,924,000 00	3,018,615 42	3,215,345 47	[illegible]	»	»	1,713,584 58	2,869 35	3,215,345 47	
33	Entretien des troupes auxiliaires marocaines	18,213,818 25	14,926,714 66	14,919,539 35	[illegible]	»	»	3,287,104 20	9,175 20	14,919,539 35	
34	Dépenses des exercices périmés non frappées de déchéance	»	»	»	»	»	»	»	»	»	
		207,829,521 48	169,586,396 56	168,645,644 60	940,752 06	»	»	38,940,124 90	940,752 06	168,653,644 60	
35	Dépenses des exercices clos	»	»	»	»	»	»	»	»	»	
36	Rappels de dépenses payables sur revues antérieures à l'exercice 1916 et non frappées de déchéance	1,660,258 52	1,660,258 52	1,660,258 52	»	»	»	»	»	1,660,258 52	
	Totaux	209,489,780 00	171,246,655 10	170,305,903 01	940,752 06	»	»	38,940,124 90	940,752 06	170,305,903 01	

Suite du COMPTE DÉFINITIF ET SOMMAIRE DES DÉPENSES DE L'EXERCICE 1914.

N°s des chapitres du Compte spécial.	DÉSIGNATION DES CHAPITRES.	SITUATION DES DÉPENSES. Crédits accordés par le budget primitif et par des lois spéciales.	Dépenses résultant des services faits. — Droits constatés au profit des créanciers de l'État.	Paiements effectués sur les ordonnances des Ministres.	Restes à payer à la clôture de l'exercice.	RÈGLEMENT DES CRÉDITS. Crédits complémentaires accordés pour l'excédent des dépenses sur les crédits.	CRÉDITS ANNULÉS. Crédits rendus libres par des ressources de diverses natures et non consommés par les dépenses, annulés sauf réimputation aux exercices suivants par des lois spéciales.	Crédits non consommés par les dépenses, annulés définitivement.	Crédits non consommés par les paiements représentant les dépenses à payer à la clôture de l'exercice.	Crédits définitifs égaux aux paiements effectués sur l'exercice 1914.	OBSERVATIONS.
		fr. c.	fr. c.	fr. c.	fr. c.	fr. c.	fr. c.	fr. c.	fr. c.	fr. c.	
	TROUPES COLONIALES.										
37	États-majors	526,936 39	299,713 89	299,713 89	»	»	»	227,222 49	»	299,713 89	
38	Service de l'intendance	162,737 78	138,155 89	138,155 89	»	»	»	24,581 89	»	138,155 89	
39	Service de santé	169,300 03	82,976 04	82,976 04	»	»	»	86,323 99	»	82,976 04	
40	Infanterie coloniale	11,545,862 08	10,930,970 24	10,929,932 47	1,037 77	»	»	614,892 34	1,037 77	10,929,932 47	
41	Artillerie coloniale	2,002,092 06	1,658,034 40	1,658,034 40	»	»	»	344,057 66	»	1,658,034 40	
42	Écoles. — Justice militaire. — Réparations civiles	23,000 00	184 28	184 28	»	»	»	22,815 72	»	184 28	
43	Frais de déplacements et transports	2,157,000 00	961,510 46	948,026 48	13,483 98	»	»	1,195,489 54	13,483 98	948,026 48	
44	Artillerie. — Matériel et munitions	970,640 00	28,065 63	27,631 88	433 75	»	»	942,574 37	433 75	27,631 88	
45	Remonte	587,710 00	91,110 00	91,110 00	»	»	»	496,600 00	»	91,110 00	
46	Subsistances. — Chauffage et éclairage	12,506,320 00	11,342,813 01	11,322,983 82	19,829 19	»	»	1,163,506 99	19,829 19	11,322,983 82	
47	Habillement, campement, couchage et harnachement	3,254,070 00	1,934,221 93	1,868,794 93	65,427 00	»	»	1,323,748 07	65,427 00	1,868,794 93	
48	Hôpitaux	1,415,950 00	851,477 39	851,452 84	24 55	»	»	564,472 61	24 55	851,452 84	
49	Gratifications de réforme et secours	65,000 00	»	»	»	»	»	65,000 00	»	»	
50	Dépenses des exercices périmés non frappées de déchéance	»	»	»	»	»	»	»	»	»	
		35,367,518 93	28,316,233 16	28,218,996 92	97,236 24	»	»	7,051,285 77	97,236 24	28,218,996 92	
51	Dépenses des exercices clos	»	»	»	»	»	»	»	»	»	
52	Rappels de dépenses payables sur revues antérieures à l'exercice 1914 et non frappés de déchéance	756,281 07	756,281 07	756,281 07	»	»	»	»	»	756,281 07	
	TOTAL	36,123,800 00	29,072,514 23	28,975,277 99	97,236 24	»	»	7,051,285 77	97,236 24	28,975,277 99	
	RÉCAPITULATION.										
	Troupes métropolitaines et troupes auxiliaires indigènes mixtes	209,495,780 00	171,249,655 10	170,308,903 01	940,752 09	»	»	38,246,124 90	940,752 09	170,308,903 01	
	Troupes coloniales	36,123,800 00	29,072,514 23	28,975,277 99	97,236 24	»	»	7,051,285 77	97,236 24	28,975,277 99	
	TOTAL GÉNÉRAL	245,619,580 00	200,322,169 33	199,284,181 00	1,037,988 33	»	»	45,297,410 67	1,037,988 33	199,284,181 00	

1° TROUPES MÉTROPOLITAINES

ET

TROUPES AUXILIAIRES INDIGÈNES MIXTES

CHAPITRE 1er. — *État-Major général et services généraux.*

EFFECTIFS réalisés.	NATURE DES DÉPENSES.	MONTANT des dépenses.	SOMMES payées.	SOMMES restant à payer.
		fr. c.	fr. c.	fr. c.
	ARTICLE 1er. ÉTAT-MAJOR GÉNÉRAL.			
	§ 1er. SOLDE.			
1	Généraux de division	16,030 37		
3	Généraux de brigade	71,812 00		
4	TOTAL du paragraphe 1er	87,842 37		
	§ 2. INDEMNITÉS DIVERSES.			
	Indemnités spéciales	16,310 80		
	Indemnité de frais de service et de bureau	40,276 95		
	Indemnité d'entrée en campagne	500 00		
	Indemnité pour perte d'effets et de chevaux	»		
	TOTAL du paragraphe 2	57,087 75		
	TOTAL de l'article 1er	144,930 12	144,930 12	
	ARTICLE 2. SERVICE D'ÉTAT-MAJOR.			
	§ 1er. SOLDE.			
70	Officiers	518,943 62		
14	Officiers d'administration	72,951 60		
»	Indemnité de monture	11,437 00		
84	TOTAL du paragraphe 1er	603,332 28		
	§ 2. INDEMNITÉS DIVERSES.			
	Indemnités spéciales	120,107 80		
	Indemnités de fonction et de bureau	84,209 15		
	Indemnités d'entrée en campagne	7,696 00		
	Indemnité pour perte d'effets et de chevaux	»		
	Indemnité pour changement d'uniforme	305 80		
	Indemnité pour cherté de vie dans certaines garnisons	409 50		
	Indemnité de première mise d'équipement	250 00		
	Indemnité pour charges de famille	2,850 00		
	TOTAL du paragraphe 2	221,932 45		
	TOTAL de l'article 2	825,264 73	825,264 73	
	ARTICLE 3. CONTRÔLE DE L'ADMINISTRATION DE L'ARMÉE.			
	§ 1er. SOLDE.			
1	Contrôleur général de 1re classe	17,024 32		
	§ 2. INDEMNITÉS DIVERSES.			
	Indemnité spéciale	3,346 05		
	Indemnité de frais de service	3,966 20		
	Indemnité de cherté de vie	128 80		
	TOTAL du paragraphe 2	7,440 45		
	TOTAL de l'article 3	24,465 97	24,464 97	

Suite du CHAPITRE 1er. — *État-Major général et services généraux.*

EFFECTIFS réalisés.	NATURE DES DÉPENSES.	MONTANT des dépenses.	SOMMES payées.	SOMMES restant à payer.
		fr. c.	fr. c.	fr. c.
	ARTICLE 4. AFFAIRES INDIGÈNES ET INTERPRÈTES MILITAIRES.			
	§ 1er. SOLDE.			
174	Officiers	1,184,968 89		
45	Interprètes militaires	197,472 83		
»	Indemnité de monture	38,761 50		
219	TOTAL du paragraphe 1er	1,421,203 02		
	§ 2. INDEMNITÉS DIVERSES.			
	Indemnités spéciales	262,802 02		
	Indemnités pour frais de service et de bureau	187,298 22		
	Indemnités d'entrée en campagne	8,100 00		
	Indemnités pour perte d'effets et de chevaux	815 00		
	Indemnités pour changement d'uniforme	220 00		
	Indemnités pour cherté de vie dans certaines garnisons	237 40		
	Indemnités pour charges de famille	433 33		
	Premières mises d'équipement ou de harnachement	2,020 00		
	TOTAL du paragraphe 2	461,926 87		
	TOTAL de l'article 4	1,883,129 89	1,883,129 89	
	ARTICLE 5. SERVICE GÉOGRAPHIQUE.			
	§ 1er. SOLDE.			
10	Officiers	66,141 29		
	Indemnité de monture	1,408 00		
	TOTAL du paragraphe 1er	67,550 29		
	§ 2. INDEMNITÉS DIVERSES.			
	Indemnités spéciales	13,017 02		
	Indemnités pour travaux géodésiques et topographiques	36,101 50		
	TOTAL du paragraphe 2	49,110 52		
	TOTAL de l'article 5	116,758 71	116,758 71	
	ARTICLE 6. PERSONNEL DE LA TRÉSORERIE ET DES POSTES.			
	§ 1er. SOLDE.			
16	Payeurs	101,991 90		
25	Commis de trésorerie	120,940 13		
»	Indemnité de monture	5,480 50		
41	TOTAL du paragraphe 1er	228,414 53		
	§ 2. INDEMNITÉS DIVERSES.			
	Indemnités spéciales	47,704 00		
	Indemnités pour frais de service et de bureau	9,858 95		
	Indemnités d'entrée en campagne	5,610 00		
	Indemnités pour charges de famille	200 00		
	TOTAL du paragraphe 2	63,372 99		
	TOTAL de l'article 6	291,787 52	291,787 52	

Suite du CHAPITRE 1er. — *État-Major général et services généraux.*

EFFECTIF réalisé.	NATURE DES DÉPENSES.	MONTANT des DÉPENSES.	SOMMES PAYÉES.	SOMMES RESTANT à payer.
		fr. c.	fr. c.	fr. c.
	ARTICLE 7.			
	DIVERS.			
	Inspecteur principal de 2e classe des douanes	»		
	Indemnité complémentaire, frais de bureau, etc.	»	»	
	TOTAL de l'article 7	»		
	RÉCAPITULATION DU CHAPITRE 1er.			
	ÉTAT-MAJOR GÉNÉRAL ET SERVICES GÉNÉRAUX.			
4	ART. 1er. État-major général	145,930 12	145,930 12	
84	ART. 2. Service d'état-major	825,204 73	825,204 73	
1	ART. 3. Contrôle de l'administration de l'armée	24,404 97	24,404 97	
219	ART. 4. Affaires indigènes et interprètes militaires	1,883,129 89	1,883,129 89	
10	ART. 5. Service géographique	116,758 71	116,758 71	
41	ART. 6. Personnel de la trésorerie et des postes	291,787 52	291,787 52	
»	ART. 7. Divers	»	»	
359	TOTAL du chapitre 1er	3,286,335 94	3,286,335 94	
	Crédits accordés	3,440,358 28		
	Excédent de crédits	154,022 34		

CHAPITRE 2. — *États-Majors particuliers de l'Artillerie et du Génie.*

EFFECTIF réalisé.	NATURE DES DÉPENSES.	MONTANT des DÉPENSES.	SOMMES PAYÉES.	SOMMES RESTANT à payer.
		fr. c.	fr. c.	fr. c.
	ARTICLE 1er.			
	ÉTAT-MAJOR PARTICULIER DE L'ARTILLERIE.			
	§ 1er. SOLDE.			
12	Officiers d'administration	61,201 32		
2	Officiers d'administration contrôleurs d'armes	9,318 58		
14	TOTAL pour les officiers	70,519 90		
4	Ouvriers d'État	17,827 24		
8	Gardiens de batterie	27,554 90		
12	TOTAL pour la troupe	45,382 14		
	TOTAL du paragraphe 1er	115,905 04		
	§ 2. INDEMNITÉS DIVERSES.			
19	Indemnités spéciales	33,079 53		
23	Indemnités d'entrée en campagne	1,660 00		
»	Indemnités pour pertes d'effets	»		
42	TOTAL du paragraphe 2	34,739 53		
	TOTAL de l'article 1er	150,744 57	150,744 57	
	ARTICLE 2.			
	ÉTAT-MAJOR PARTICULIER DU GÉNIE.			
	§ 1er. SOLDE.			
	Officiers	165,023 14		
	Officiers d'administration	200,517 72		
	Indemnité de monture	4,493 00		
	TOTAL pour les officiers	370,033 86		
1	Ouvrier d'État	2,437 55		
8	Adjudants d'administration du génie	28,156 24		
9	TOTAL pour la troupe	30,593 79		
	TOTAL du paragraphe 1er	400,627 65		
	§ 2. INDEMNITÉS DIVERSES.			
	Indemnités spéciales	28,236 85		
	Indemnités de frais de service et de bureau	4,000 30		
	Indemnités d'entrée en campagne	»		
	Indemnités pour perte d'effets et de chevaux	»		
	TOTAL du paragraphe 2	32,323 33		
	TOTAL de l'article 2	432,950 98	432,950 98	
	TOTAL du chapitre 2	583,695 55	583,695 55	
	Crédits accordés	585,353 56		
	Excédent de crédits	1,658 01		

CHAPITRE 3. — *Service de l'Intendance.*

Effectif réalisé.	NATURE DES DÉPENSES.	MONTANT des dépenses.	SOMMES payées.	SOMMES restant à payer.
	ARTICLE UNIQUE.			
	§ 1er. Solde.			
	1° *Fonctionnaires de l'intendance.*			
4	Intendants généraux	12,363 16		
17	Sous-intendants militaires et adjoints à l'intendance	188,519 51		
	Total	200,882 67		
	2° *Officiers d'administration.*			
18	Officiers d'administration du bureau de l'intendance	127,851 33		
58	Officiers d'administration du service des subsistances militaires	292,803 75		
7	Officiers d'administration du service de l'habillement et du campement	51,990 79		
79	Total	[illegible]		
	Indemnités de monture	[illegible]		
	Total du paragraphe 1er	[illegible]		
	§ 2. Indemnités diverses.			
	Indemnités spéciales	39,351 62		
	Indemnités de frais de bureau et de service	[illegible]		
	Indemnités d'entrée en campagne	[illegible]		
	Indemnités pour pertes d'effets et de chevaux	[illegible]		
	Total du paragraphe 2	108,205 79		
	Total du chapitre 3	816,809 96	816,809 96	
	Crédits accordés	912,085 07		
	Excédent de crédits	95,275 11		

CHAPITRE 4. — *Service de santé.*

Effectif réalisé.	NATURE DES DÉPENSES.	MONTANT des dépenses.	SOMMES payées.	SOMMES restant à payer.
	ARTICLE UNIQUE.			
	§ 1er. Solde.			
	1° *Médecins et pharmaciens.*			
9	Médecins inspecteurs	50,112 03		
7	Médecins et pharmaciens principaux	164,059 17		
120	Médecins et pharmaciens majors et aides-majors	1,078,000 19		
136	Total	[illegible]		
	2° *Officiers d'administration du service des hôpitaux militaires.*			
30	Officiers d'administration	217,670 [illegible]		
	Indemnité de monture	20,180 00		
	Total du paragraphe 1er	1,573,[illegible]		
	§ 2. Indemnités diverses.			
	Indemnités spéciales	288,111 [illegible]		
	Indemnités de frais de service et de bureau	[illegible]		
	Indemnités d'entrée en campagne	33,550 00		
	Indemnités pour pertes d'effets et de chevaux	[illegible]		
	Total du paragraphe 2	[illegible]		
166	Total du chapitre 4	1,838,011 91	1,838,011 91	
	Crédits accordés	2,157,807 25		
	Excédent de crédits	319,795 34		

CHAPITRE 5. — *Vétérinaires militaires et dépôts de remonte mobile.*

EFFECTIF réalisé.	NATURE DES DÉPENSES.	MONTANT des DÉPENSES.	SOMMES PAYÉES.	SOMMES RESTANT à payer.
		fr. c.	fr. c.	fr. c.
	ARTICLE UNIQUE.			
	§ 1er. SOLDE.			
	1° *Officiers.*			
30	Vétérinaires de tous grades	212,358 08		
4	Officiers du service des remontes	32,003 52		
34	TOTAL	244,361 60		
	2° *Troupe.*			
185	Troupe des dépôts de remonte	41,005 29		
	Indemnités de monture	8,382 50		
	TOTAL du paragraphe 1er	292,829 30		
	§ 2. INDEMNITÉS DIVERSES.			
	Indemnités spéciales (officiers et troupe)	54,430 52		
	Indemnités de frais de service et de bureau	2,050 35		
	Indemnités d'entrée en campagne	6,010 00		
	Indemnités pour pertes d'effet et de chevaux	450 00		
	Avantages spéciaux aux militaires servant au delà de la durée légale	25,601 80		
	Primes d'engagement et de rengagement aux indigènes	6,400 00		
	Relèvement des hautes payes des indigènes rengagés	2,101 70		
	TOTAL du paragraphe 2	95,693 26		
219	TOTAL du Chapitre 5	388,522 65	388,522 65	
	Crédits accordés	411,552 73		
	Excédent de crédits	22,030 08		

CHAPITRE 6. — *Solde de l'Infanterie.*

EFFECTIF moyen réalisé.	NATURE DES DÉPENSES.	MONTANT des DÉPENSES.	SOMMES PAYÉES.	SOMMES restant à payer.
		fr. c.	fr. c.	fr. c.
	ARTICLE UNIQUE.			
	§ 1er. SOLDE.			
	1° *Officiers.*			
783	Officiers de tous grades	4,530,450 26		
	Indemnité de monture	44,820 00		
	TOTAL des officiers	4,575,270 26		
	2° *Troupe.*			
33,690	Solde de la troupe	6,721,416 15		
	TOTAL du paragraphe 1er	11,296,686 41		
	§ 2. INDEMNITÉS DIVERSES.			
	Indemnités spéciales	1,375,033 25		
	Indemnités de frais de service et de bureau	92,807 33		
	Indemnités d'entrée en campagne	79,305 00		
	Indemnités pour pertes d'effets et de chevaux	1,890 00		
	Hautes payes des militaires français servant au delà de la durée légale des militaires français ou indigènes	629,104 00		
	Relèvement des hautes payes des indigènes rengagés	»		
	Primes d'engagement et de rengagement	370,468 73		
	TOTAL du paragraphe 2	2,550,601 31		
	TOTAL du Chapitre 6	13,847,290 75	13,847,290 75	
	Crédits accordés	13,873,546 78		
	Excédent de crédits	26,256 03		

CHAPITRE 7. — *Solde de la Cavalerie.*

EFFECTIFS	NATURE DES DÉPENSES.	MONTANT des DÉPENSES.	SOMMES PAYÉES.	SOMMES RESTANT à PAYER.
	ARTICLE UNIQUE.			
	1re PARTIE. — *Troupes régulières.*			
	§ 1er. SOLDE.			
	1° *Officiers.*			
155	Officiers de tous grades	1,032,027 00		
	Indemnité de monture	27,000 00		
	TOTAL pour les officiers	1,060,827 00		
	2° *Troupe.*			
4,370	Solde de la troupe	970,352 97		
	TOTAL du paragraphe 1er	2,031,179 95		
	§ 2. INDEMNITÉS DIVERSES.			
	Indemnités spéciales	287,186 27		
	Indemnités de frais de service et de bureau	15,994 02		
	Indemnités d'entrée en campagne	25,000 00		
	Premières mises d'équipement et de harnachement	[illegible]		
	Indemnités pour pertes d'effets et de chevaux	[illegible]		
	Avantages spéciaux aux militaires servant au delà de la durée légale	[illegible]		
	Primes d'engagement et de rengagement aux indigènes	107,907 29		
	Relèvement des hautes payes des indigènes rengagés	20,278 34		
	TOTAL du paragraphe 2	1,201,955 27		
	TOTAL pour les troupes régulières	[illegible]		
	2e PARTIE. — *Formations auxiliaires indigènes mixtes.*			
	§ 1er. SOLDE.			
	Goums mixtes et marocains.			
4,025	Solde de la troupe	3,637,448 71		
	§ 2. INDEMNITÉS DIVERSES.			
	Indemnités spéciales	[illegible]		
	Indemnités d'entrée en campagne	[illegible]		
	Indemnités en marche pour les goumiers marocains	[illegible]		
	Primes d'entretien des chevaux pour les cadres des goums mixtes marocains	12,500 00		
	Hautes payes des militaires français et indigènes algériens	[illegible]		
	Hautes payes des goumiers marocains après quatre ans de services	[illegible]		
	Primes d'engagement et de rengagement	34,000 00		
	Relèvement des hautes payes des indigènes algériens rengagés	[illegible]		
	TOTAL du paragraphe 2	397,820 00		
	TOTAL pour les formations auxiliaires	[illegible]		
	TOTAL du Chapitre 7	7,268,394 97	7,268,394 97	
	Crédits accordés	7,517,723 50		
	Excédent de crédit	249,328 53		

CHAPITRE 8. — *Solde de l'Artillerie.*

EFFECTIFS	NATURE DES DÉPENSES.	MONTANT des DÉPENSES.	SOMMES PAYÉES.	SOMMES RESTANT à PAYER.
	ARTICLE UNIQUE.			
	§ 1er. SOLDE.			
	1° *Officiers.*			
60	Officiers de tous grades	395,202 03		
	Indemnité de monture	10,420 00		
	TOTAL pour les officiers	405,622 03		
	2° *Troupe.*			
6,205	Solde de la troupe	[illegible]		
	TOTAL du paragraphe 1er	1,059,325 15		
	§ 2. INDEMNITÉS DIVERSES.			
	Indemnités spéciales	163,340 30		
	Indemnités de frais de service et de bureau	12,385 08		
	Indemnités d'entrée en campagne	[illegible]		
	Premières mises d'équipement	[illegible]		
	Indemnités pour pertes d'effets et de chevaux	[illegible]		
	Avantages spéciaux aux militaires servant au delà de la durée légale. — Relèvement des hautes payes des indigènes rengagés	[illegible]		
	Primes d'engagement et de rengagement aux indigènes	[illegible]		
	TOTAL du paragraphe 2	[illegible]		
	TOTAL du chapitre 8	1,371,770 18	1,371,770 18	
	Crédits accordés	1,378,453 03		
	Excédent de crédits	6,682 85		

CHAPITRE 9. — *Solde du Génie.*

EFFECTIF moyen réalisé.	NATURE DES DÉPENSES.	MONTANT des DÉPENSES.	SOMMES PAYÉES.	SOMMES RESTANT à payer.
		5.	6.	7.
	ARTICLE UNIQUE.			
	§ 1er. SOLDE.			
	1° *Officiers.*			
38	Officiers de tous grades	244,642 57		
	Indemnité de monture	6,871 50		
	TOTAL pour les officiers	251,514 07		
	2° *Troupe.*			
1,465	Solde de la troupe	277,168 36		
	TOTAL du paragraphe 1er	528,682 43		
	§ 2. INDEMNITÉS DIVERSES.			
	Indemnités spéciales	95,217 22		
	Indemnités de frais de service et de bureau	5,398 15		
	Indemnités d'entrée en campagne	4,300 00		
	Indemnités pour pertes d'effets et de chevaux	140 00		
	Haute-paye des militaires servant au delà de la durée légale, des militaires étrangers et indigènes	110,825 80		
	Primes d'engagement et de rengagement	34,218 41		
	TOTAL du paragraphe 2	249,129 58		
	TOTAL du chapitre 9	777,812 01	777,812 01	
	Crédits accordés	778,870 24		
	Excédent de crédits	1,058 23		

CHAPITRE 10. — *Solde de l'Aéronautique.*

EFFECTIF moyen réalisé.	NATURE DES DÉPENSES.	MONTANT des DÉPENSES.	SOMMES PAYÉES.	SOMMES RESTANT à payer.
		5.	6.	7.
	ARTICLE UNIQUE.			
	§ 1er. SOLDE.			
	1° *Officiers.*			
5	Officiers de tous grades	30,230 17		
	Indemnité de monture	910 00		
	TOTAL pour les officiers	31,140 17		
	2° *Troupe.*			
80	Solde de la troupe	17,762 31		
	TOTAL du paragraphe 1er	48,902 48		
	§ 2. INDEMNITÉS DIVERSES.			
	Indemnités spéciales	9,566 95		
	Indemnités spéciales au personnel de l'aéronautique	107,391 00		
	Indemnités d'entrée en campagne	1,300 00		
	Indemnités pour pertes d'effets	5		
	Avantages spéciaux aux militaires servant au delà de la durée légale	10,815 91		
	TOTAL du paragraphe 2	138,123 85		
	TOTAL du chapitre 10	187,026 33	187,026 33	
	Crédits accordés	195,055 67		
	Excédent de crédits	8,029 34		

CHAPITRE 11. — *Solde du train des équipages militaires.*

EFFECTIF moyen réalisé.	NATURE DES DÉPENSES.	MONTANT des DÉPENSES.	SOMMES PAYÉES.	SOMMES RESTANT à payer.
		fr. c.	fr. c.	fr. c.
	ARTICLE UNIQUE.			
	TROUPES RÉGULIÈRES ET CONVOIS AUXILIAIRES.			
	§ 1er. SOLDE.			
	1° *Officiers.*			
58	Officiers de tous grades	361,355 60		
	Indemnité de monture	8,471 00		
	TOTAL pour les officiers	369,826 60		
	2° *Troupe.*			
5,804	Solde de la troupe (dont 1,736 convoyeurs)	1,352,368 93		
	TOTAL du paragraphe 1er	1,722,195 53		
	§ 2. INDEMNITÉS DIVERSES.			
	Indemnités spéciales	160,491 41		
	Indemnités de frais de service et de bureau	8,337 38		
	Indemnités d'entrée en campagne	18,808 00		
	Première mise d'équipement	2,236 00		
	Indemnités pour pertes d'effets et de chevaux	2,080 00		
	Avantages spéciaux aux militaires servant au delà de la durée légale	41,020 20		
	Primes d'engagement et de rengagement aux indigènes	20,163 00		
	TOTAL du paragraphe 2	202,031 05		
	TOTAL du chapitre 11	1,924,226 58	1,924,226 58	
	Crédits accordés	1,974,180 31		
	Excédent de crédits	49,953 73		

CHAPITRE 12. — *Solde des troupes d'administration.*

EFFECTIF réalisé.	NATURE DES DÉPENSES.	MONTANT des DÉPENSES.	SOMMES PAYÉES.	SOMMES RESTANT à payer.
		fr. c.	fr. c.	fr. c.
	ARTICLE UNIQUE.			
	§ 1er. SOLDE.			
	1° *Officiers.*			
5	Officiers de tous grades	31,138 38		
	2° *Troupe.*			
2,907	Solde de la troupe	555,740 68		
	TOTAL du paragraphe 1er	586,878 97		
	§ 2. INDEMNITÉS DIVERSES.			
	Indemnités spéciales	30,517 20		
	Indemnités de frais de service et de bureau	905 37		
	Indemnités d'entrée en campagne	3,900 00		
	Indemnités de première mise d'équipement	5,450 00		
	Indemnités pour pertes d'effets	1,500 00		
	Avantages aux militaires servant au delà de la durée légale	335,839 30		
	Relèvement des hautes-payes des indigènes rengagés	98 76		
	TOTAL du paragraphe 2	379,209 63		
	TOTAL du chapitre 12	966,088 60	966,088 60	
	Crédits accordés	969,146 71		
	Excédent de crédits	3,058 11		

CHAPITRE 13. — *Gendarmerie.*

EFFECTIF réalisé.	NATURE DES DÉPENSES.	MONTANT des DÉPENSES.	SOMMES PAYÉES.	SOMMES RESTANT à payer.
		fr. c.	fr. c.	fr.
	ARTICLE UNIQUE.			
	§ 1er. SOLDE.			
8	1° Officiers (solde et indemnités de monture)	46,557 15		
508	2° Sous-officiers, brigadiers et gendarmes	505,356 99		
	TOTAL du paragraphe 1er	551,914 13		
	§ 2. INDEMNITÉS DIVERSES.			
	Indemnités spéciales	85,101 02		
	Indemnités pour frais de service et de bureau	6,000 00		
	Indemnités d'entrée en campagne	5,000 00		
	Indemnités de logement	34,805 24		
	Indemnités à l'occasion de la Fête nationale	735 50		
	Indemnités aux enfants de troupe chez leurs parents	859 50		
	Masse d'entretien et de remonte	6,728 74		
	Masse de secours	2,074 53		
	Indemnités complémentaires. (Décret du 11 septembre 1912.)	22,272 00		
	TOTAL du paragraphe 2	165,378 53		
	TOTAL du chapitre 13	717,292 66	717,292 66	
	Crédits accordés	723,029 72		
	EXCÉDENT de crédits	5,737 06		

CHAPITRE 14. — *Frais de déplacements et transports.*

NATURE DES DÉPENSES.	MONTANT des DÉPENSES.	SOMMES PAYÉES.	SOMMES RESTANT à payer.
	fr. c.	fr. c.	fr. c.
ARTICLE 1er. FRAIS DE DÉPLACEMENTS.			
§ 1er. DÉPLACEMENTS ORDINAIRES.			
Frais de déplacements des militaires se rendant isolément de France à leur corps d'affectation au Maroc ou en revenant	83,400 00		
Frais de déplacements des militaires se rendant isolément d'Algérie-Tunisie à leur corps d'affectation au Maroc ou *vice versa*	132,456 50		
Frais de déplacements des militaires se rendant isolément des ports des Territoires du Sud de l'Algérie dans ceux de l'Extrême-Sud des Confins algéro-marocains et inversement	53,900 00		
TOTAL du paragraphe 1er	269,756 50	269,626 07	130 40
§ 2. DÉPLACEMENTS DES FONCTIONNAIRES DU CONTRÔLE DE L'ADMINISTRATION DE L'ARMÉE.			
Indemnités de déplacements pour missions au Maroc	2,147 10	2,147 10	
§ 3. DÉPLACEMENTS SPÉCIAUX AU SERVICE GÉOGRAPHIQUE.			
Frais de déplacements des hommes de troupe des brigades géodésiques et topographiques opérant au Maroc	37,929 10	37,929 10	
§ 4. DÉPLACEMENTS SPÉCIAUX AU SERVICE DE L'ARTILLERIE.			
Visite de l'armement, des munitions, du matériel de campagne, des parcs d'artillerie, de Casablanca et d'Oudjda	1,190 90	1,190 90	
§ 5. DÉPLACEMENTS SPÉCIAUX AU SERVICE DU GÉNIE.			
Frais de déplacements du personnel d'état-major particulier du génie se déplaçant pour son service spécial	11,266 41	11,266 41	
TOTAL de l'article 1er	322,290 07	322,159 58	130 40
ARTICLE 2. SERVICE DES CONVOIS MILITAIRES.			
Frais de transport par chemin de fer et par mer de personnel et d'animaux envoyés de France au Maroc ou en revenant	1,572,894 00		
Frais de transport par chemin de fer en territoire africain et par mer de personnel et d'animaux envoyés d'Algérie-Tunisie au Maroc ou inversement	370,532 32		
Frais de transport par terre ou par voie ferrée, pour la partie du trajet effectuée dans les Territoires du Sud de l'Algérie, de personnel et d'animaux envoyés dans les ports de l'Extrême-Sud marocain ou en revenant	99,630 52		
TOTAL de l'article 2	2,043,056 84	2,018,490 70	24,566 14
ARTICLE 3. TRANSPORTS SPÉCIAUX.			
Frais de transport par mer de denrées et de matériel des divers services envoyés de France au Maroc ou inversement	3,490,065 10		
Frais de transport par mer de denrées et de matériel des divers services envoyés d'Algérie-Tunisie au Maroc ou inversement	2,108,235 00		
Frais de transport de denrées et de matériel de toute nature à l'intérieur du Maroc	10,742,110 47		
Convois de réquisition (au moyen de chameaux requis)	4,205,705 30		
Rapatriement des restes des militaires décédés au Maroc	60,065 07		
TOTAL de l'article 3	20,606,180 94	20,370,449 40	235,731 51
TOTAL du chapitre 14	22,971,527 85	22,711,099 68	260,428 17
Crédits accordés	30,770,000 00		
EXCÉDENT de crédits	698,472 15		

CHAPITRE 15. — *Justice militaire.*

EFFECTIF réalisé.	NATURE DES DÉPENSES.	MONTANT des DÉPENSES.	SOMMES PAYÉES.	SOMMES RESTANT à payer.
		fr. c.	fr. c.	fr. c.
	ARTICLE PREMIER. SOLDES ET INDEMNITÉS.			
	§ 1er. SOLDES.			
	1° *Officiers.*			
1	Officiers employés près les conseils de guerre	8,565 88		
4	Greffiers des conseils de guerre	24,320 10		
5	TOTAL	32,885 98		
6	2° *Sous-officiers de la justice militaire*	21,692 21		
	TOTAL du paragraphe 1er	54,578 19		
	§ 2. INDEMNITÉS DIVERSES.			
	Indemnités spéciales	11,234 54		
	Indemnités de frais de service et de bureau	195 50		
	Indemnités d'entrée en campagne	1,525 00		
	Indemnités pour pertes d'effets	-		
	TOTAL du paragraphe 2	12,955 04		
11	TOTAL de l'article 1er	67,533 23	67,533 23	
	ARTICLE 2. FRAIS DE JUSTICE.			
	§ 1. Frais de bureau des officiers d'administration greffiers des tribunaux militaires	300 00		
	§ 2. Frais de procédure devant les tribunaux militaires. Taxes aux témoins, aux interprètes, etc.	3,048 70		
	§ 3. Frais de capture des déserteurs et insoumis, des hommes en état d'absence illégale, etc.	1,036 00		
	§ 4. Dépenses des tribunaux militaires. Achat de livres et de mobilier, chauffage, éclairage et menues dépenses	2,732 05		
	§ 5. Dépenses diverses. Frais de scellés. Frais de constatation d'antécédents judiciaires. Impression des jugements	638 65		
	TOTAL de l'article 2	7,755 40	7,755 40	
	TOTAL du Chapitre 15	75,288 63	75,288 63	
	Crédits accordés	153,090 38		
	Excédent de crédits	77,801 75		

CHAPITRE 16. — *Établissements pénitentiaires.*

NATURE DES DÉPENSES.	MONTANT des DÉPENSES.	SOMMES PAYÉES.	SOMMES RESTANT à payer.
	fr. c.	fr. c.	fr. c.
ARTICLE UNIQUE.			
Indemnités pour frais de bureau	938 80		
Frais de nourriture pour les détenus	41,489 49		
Achat et entretien de matériel et menues dépenses diverses	330 15		
TOTAL du Chapitre 16	42,758 44	42,401 64	356 80
Crédits accordés	42,800 00		
Excédent de crédits	41 56		

CHAPITRE 17. — *Réparations civiles.*

NATURE DES DÉPENSES.	MONTANT des DÉPENSES.	SOMMES PAYÉES.	SOMMES RESTANT à payer.
	fr. c.	fr. c.	fr. c.
ARTICLE UNIQUE.			
§ 1er. — Indemnités aux victimes d'accidents ou à leurs ayants droit, etc.	37,967 46	37,717 46	250 00
§ 2. — Indemnités aux familles de mokhaznis tués dans le service	18,261 00	18,261 00	»
Total du Chapitre 17	56,228 46	55,978 46	250 00
Crédits accordés	78,580 00		
Excédent de crédits	22,351 54		

CHAPITRE 18. — *Service géographique. (Matériel.)*

NATURE DES DÉPENSES.	MONTANT des DÉPENSES.	SOMMES PAYÉES.	SOMMES RESTANT à payer.
	fr. c.	fr. c.	fr. c.
ARTICLE UNIQUE.			
Fonctionnement des bureaux topographiques de Casablanca et d'Oudjda	17,736 46		
Fournitures de cartes pour les besoins des troupes	502 25		
Frais de reconnaissance du terrain et de transport d'instruments pour les levés de plans	3,000 00		
Total du Chapitre 18	21,238 71	21,238 71	»
Crédits accordés	48,000 00		
Excédent de crédits	26,761 29		

CHAPITRE 19. — *Service de l'artillerie.*

NATURE DES DÉPENSES.	MONTANT des dépenses.	SOMMES payées.	SOMMES reste à payer.
	fr. c.	fr. c.	fr. c.
ARTICLE 1er.			
MATÉRIEL PROPREMENT DIT.			
§ 1er. — Matériel d'artillerie			
§ 2. — Matériel des équipages militaires	1,253,697 97		
§ 3. — Armes portatives et mitrailleuses			
§ 4. — Bâtiments et ateliers			
§ 5. — Transports	108,858 47		
Total de l'article 1er	1,362,556 44	1,344,716 88	17,839 56
ARTICLE 2.			
MUNITIONS.			
§ 1er. — Munitions d'artillerie			
§ 2. — Munitions pour armes portatives	2,509,267 17	2,509,267 17	»
Total du Chapitre 19	3,871,823 61	3,853,984 05	17,839 56
Crédits accordés	8,369,750 00		
Excédent de crédits	4,497,926 39		

CHAPITRE 20. — *Établissements du Génie.*

NATURE DES DÉPENSES.	MONTANT des dépenses.	SOMMES payées.	SOMMES restant à payer.
	fr. c.	fr. c.	fr. c.
ARTICLE 1er.			
PERSONNEL.			
Rétribution des agents préposés à la garde des bâtiments militaires, au fonctionnement des bureaux et à la surveillance des travaux exécutés par le service du génie	196,835 23		
Avantages divers en dehors des salaires. (Versements à la Caisse nationale des retraites pour la vieillesse, journées d'absence payées, etc.)	»		
Total de l'article 1er	196,835 23	196,835 23	»
ARTICLE 2.			
MATÉRIEL.			
§ 1er. FORTIFICATIONS.			
1°) Menues réparations et entretien courant des travaux de défense des postes	45,635 36		
2°) Travaux neufs pour l'organisation défensive des postes	399,083 55		
3°) Établissement de chemins militaires	442,622 76		
4°) Acquisition des terrains nécessaires à l'exécution des travaux ci-dessus	»		
Total du paragraphe 1er	887,341 67	863,089 02	24,252 65
§ 2. BÂTIMENTS MILITAIRES.			
1°) Réparations et entretien des bâtiments et installations: a) Travaux divers et périodiques (vidanges, blanchissages, etc.)	263,042 30		
b) Menues réparations et entretien courant	453,038 85		
c) Grosses réparations	85,340 84		
2°) Loyers des bâtiments, champs de tir et de manœuvres	28,540 14		
3°) Améliorations et extensions des bâtiments et installations affectés: au service des troupes	5,354,732 61		
aux services [illegible] du génie et au service de la remonte	151,765 41		
au service de l'intendance	277,755 16		
au service de santé	1,117,915 03		
Total du paragraphe 2	7,632,716 33	7,622,085 24	10,631 09
A reporter	8,520,058 00	8,485,174 26	34,883 74

Suite du CHAPITRE 20. — *Établissements du Génie.*

NATURE DES DÉPENSES.		MONTANT des DÉPENSES.	SOMMES PAYÉES.	SOMMES RESTANT à payer.
		fr. c.	fr. c.	fr. c.
	Report	8,520,058 00	8,485,174 26	34,883 76
§ 3. INSTALLATIONS DIVERSES ET MATÉRIEL DU GÉNIE.				
1°) Télégraphie militaire.	Fonctionnement et entretien du réseau existant	100,048 70		
	Construction de lignes nouvelles	269,257 05		
2°) Outillage, explosifs et matériel de guerre.	Matériel pour l'instruction des troupes du génie	8,973 01		
	Entretien du matériel de guerre existant	28,198 96		
	Matériel neuf pour les parcs du génie	247,090 51		
3°) Chemins de fer militaires.	Fonctionnement, entretien, réparation des lignes en exploitation	4,934,167 49		
	Extension du réseau	8,102,050 20		
4°) Colombiers militaires.	Entretien des colombiers existants	1,499 85		
	Créations nouvelles	563 50		
5°) Frais matériels de bureau et d'atlas, frais de contentieux, indemnités pour dommages, dépenses accidentelles diverses		30,804 41		
	TOTAL du paragraphe 3	13,895,004 28	13,889,951 05	6,053 23
§ 4. TRANSPORTS.				
Transports par voie ferrée et par voie de terre en France et en Algérie-Tunisie, de matériels divers du service du génie envoyés au Maroc (en consignation)		70,621 84	75,166 14	4,655 70
	TOTAL de l'article 2	22,495,584 12	22,449,891 95	45,598 87
	Report de l'article 1er	196,835 23	196,830 23	»
	TOTAL du Chapitre 20	22,692,319 35	22,646,726 98	45,592 07
	Crédits accordés	33,426,000 00		
	Excédent de crédits	10,733,680 65		

CHAPITRE 21. — *Service de l'Aéronautique. (Matériel.)*

NATURE DES DÉPENSES.		MONTANT des DÉPENSES.	SOMMES PAYÉES.	SOMMES RESTANT à payer.
		fr. c.	fr. c.	fr. c.
ARTICLE UNIQUE.				
§ 1er. Fonctionnement des centres d'aviation		171,110 45		
§ 2. Appareils.	Substitution progressive d'appareils biplans aux appareils monoplans actuellement en service	»		
	Constitution de rechange pour ces biplans	»		
	Constitution d'un complément d'approvisionnement de moteurs de rechange	»		
	Remplacement d'appareils et de moteurs mis hors service	»		
§ 3. Complément d'installation		55,506 38		
§ 4. Transport par voie ferrée du matériel d'aviation envoyé de France au Maroc		2,824 50		
	TOTAL du Chapitre 21	229,238 83	227,796 83	1,441 50
	Crédits accordés	875,000 00		
	Excédent de crédits	645,761 07		

NOMBRE DE CHEVAUX ACHETÉS				NATURE DES DÉPENSES	MONTANT DES DÉPENSES			
[illegible]	[illegible]	[illegible]	Total		[illegible]	[illegible]	[illegible]	Total
				ARTICLE 1er. REMONTE.				
				§ 1er. Chevaux d'officiers et de troupe.				
				1° Chevaux d'officiers.				
35	»	»	35	Chevaux français pour l'artillerie	35,610 00	»	»	35,010 00
[illegible]	[illegible]	[illegible]	[illegible]	Chevaux indigènes pour les états-majors et les diverses armes	»	47,310 00	10,875 00	58,185 00
				2° Chevaux de troupe.				
4	»	»	4	Chevaux de selle pour l'artillerie	4,320 00	»	»	4,320 00
»	211	927	1,138	Chevaux de selle indigènes pour les diverses armes	»	152,730 00	188,025 98	[illegible]
58	»	»	58	Chevaux de trait français pour l'artillerie, le génie et les dépôts de remonte mobile	72,265 00	»	»	72,265 00
15	»	»	15	Mulets français	15,010 00	»	»	15,010 00
»	592	334	926	Mulets indigènes	»	382,055 00	228,976 81	611,031 81
[illegible]	[illegible]	[illegible]	[illegible]	Totaux des achats faits par les dépôts ou les commissions d'achat	127,705 00	[illegible]	725,336 79	[illegible]
»	»	12	12	Achats faits par les corps de troupe	»	»	9,930 00	9,930 00
[illegible]	[illegible]	[illegible]	[illegible]	Totaux [illegible]	[illegible]	[illegible]	[illegible]	[illegible]
»	»	»	»	A déduire [illegible]				
[illegible]	[illegible]	[illegible]	[illegible]	Reste au paragraphe 1er	127,705 00	[illegible]	[illegible]	[illegible]
				§ 2. Dépenses diverses.				
				Frais de publicité				[illegible]
				Honoraires aux vétérinaires civils				[illegible]
				Médicaments vétérinaires et dépenses diverses				[illegible]
				Total de l'article 1er				[illegible]

DÉCOMPOSITION DES ACHATS FAITS PAR LES CORPS DE TROUPE.

CATÉGORIES DE CHEVAUX INDIGÈNES — [illegible]

OBSERVATIONS.

DÉCOMPOSITION DES ACHATS DE CHEVAUX ET MULETS EFFECTUÉS.

[illegible]

Suite du CHAPITRE 22. — *Remonte.*

Nombre [illegible]	NATURE DES DÉPENSES.	MONTANT des dépenses.	SOMMES payées.	SOMMES restant à payer.
	ARTICLE 2. SERVICE DES REMONTES ET HARAS MAROCAINS.			
	§ 1er. Solde du personnel.			
	A. — Solde.			
	Cadres français et algériens :			
[illegible]	Officiers de tous grades	73,219 40		
	Indemnité de monture	1,980 00		
	Total pour les officiers	75,199 40		
[illegible]	Solde de la troupe	50,797 87		
	Total pour les cadres français et algériens	125,997 27		
	b. Personnel marocain :			
[illegible]	Officiers	13,500 98		
815	Solde de la troupe	105,879 87		
	Total pour le personnel marocain	119,370 85		
	B. — Indemnités diverses.			
	Indemnités diverses allouées [illegible] personnel militaire français au Maroc	58,570 80		
	Indemnités [illegible] aux gradés [illegible] indigènes et algériens	25,201 [illegible]		
	Indemnités de frais de [illegible]	1,000 00		
	[illegible]	2,800 00		
	Avantages spéciaux des militaires servant au titre [illegible] personnel [illegible] indigènes algériens (Décret [illegible]). — Primes d'engagement et de rengagement	27,603 55		
	Primes d'engagements et de rengagements des militaires marocains	5,650 20		
	Masse de [illegible]	516 74		
	Primes [illegible] du personnel français pour connaissance de la langue arabe ou [illegible]	8,028 63		
	Total des indemnités	128,040 78		
	Total du paragraphe 1er (A reporter)	372,917 20	372,917 20	»

Suite du CHAPITRE 22. — *Remonte.*

Nombre de chevaux achetés.	NATURE DES DÉPENSES.	MONTANT des dépenses.	SOMMES payées.	SOMMES restant à payer.
	Report du paragraphe 1er de l'article 2	372,917 20	372,917 20	»
	§ 2. Remonte et établissements hippiques.			
	a) *Dépenses de première mise.*			
	Fonctionnement des établissements hippiques.			
	Chevaux d'officiers :			
3	Cavalerie légère	1,845 00		
	Chevaux de troupe :			
	Cavalerie légère	»		
	Chevaux de [illegible]	»		
	Chevaux de trait	»		
1	Mulet	625 00		
38	Reproducteurs	84,392 18		
	Total [illegible]	86,862 18		
	A déduire :			
	Cessions diverses	»		
	Total pour les dépenses de première mise	86,862 18		
	b) *Dépenses d'entretien.*			
	Entretien des reproducteurs	551 20		
	Prix de courses	3,200 00		
	Primes [illegible]	20,830 00		
	Primes aux détenteurs de juments poulinières	7,150 00		
	Frais de publicité et dépenses diverses	10,180 80		
	Total des dépenses d'entretien	44,779 00		
	Total du paragraphe 2	131,639 18	131,639 18	»
	§ 3. Construction et aménagement des établissements hippiques	226,210 73	226,210 73	»
	Total des paragraphes 1, 2 et 3 de l'article 2 (A reporter)	730,771 11	730,771 11	»

Suite du CHAPITRE 22. — *Remonte.*

NATURE DES DÉPENSES.	MONTANT des dépenses.	SOMMES payées.	SOMMES restant à payer.
Report des paragraphes 1er, 2 et 3 de l'Article 2	730,771 11	730,771 11	»
§ 4. Alimentation.			
Alimentation des militaires d'encadrement	»		
Primes d'alimentation au personnel marocain	38,975 39		
Total du paragraphe 4	38,975 39	38,975 39	
§ 5. Fourrages.			
Nourriture et entretien des animaux	312,719 41	312,719 41	
§ 6. Habillement.			
a). Dépenses d'entretien			
Primes de la masse d'habillement	31,800 33	31,800 33	
b). Dépenses de première mise			
§ 7. Harnachement.			
a). Dépenses d'entretien			
Prime de la masse de harnachement et de ferrure	»		
b). Dépenses de première mise	»		
[illegible]			
Journées [illegible]	183 30		
Journées [illegible]	38,871 40		
Total du paragraphe [illegible]	[illegible]	[illegible] 70	
§ 8. Hôpitaux.			
Frais de traitement des malades dans les hôpitaux [illegible]	2,873 [illegible]		
Dépenses en dehors des frais d'hospitalisation (Achats de médicaments et objets de pansement)	175 [illegible]		
Total du paragraphe 8	3,048 [illegible]	3,048 [illegible]	
Total de l'Article 2	1,156,6[illegible] 26	1,156,[illegible] 26	
Report de l'Article 1er	[illegible] 61	1,413,[illegible] 61	77,320 00
Total général du Chapitre 22	[illegible] 87	2,570,370 87	77,320 00
Crédits accordés	[illegible] 00		
Excédent de crédit	[illegible] 13		

CHAPITRE 23. — *Établissements de l'Intendance.* (Personnel.)

NATURE DES DÉPENSES.	MONTANT des dépenses.	SOMMES payées.	SOMMES restant à payer.
ARTICLE 1er.			
PERSONNEL DU SERVICE DES VIVRES.			
Salaires d'ouvriers [illegible] journaliers embauchés pour le service des manutentions, expéditions et distributions de vivres et matériels	883,833 75	883,833 75	»
ARTICLE 2.			
PERSONNEL DU SERVICE DES FOURRAGES.			
Salaires d'ouvriers [illegible] journaliers embauchés pour le service des manutentions, expéditions et distributions de fourrages et denrées	461,507 63	461,507 63	»
ARTICLE 3.			
PERSONNEL DU SERVICE DE L'HABILLEMENT ET DU CAMPEMENT.			
Salaires d'employés et ouvriers civils journaliers embauchés pour le service des expéditions, réceptions et distributions d'effets d'habillement et d'équipement et d'objets de campement	[illegible] 03	[illegible] 63	»
Total du Chapitre 23	1,611,03[illegible] 01	1,611,03[illegible] 01	
Crédits accordés	1,[illegible] 00		
Excédent de crédit	[illegible] 99		

CHAPITRE 24. — *Pain et matériel du service des vivres.*

NATURE DES DÉPENSES	Quantités	Prix de revient	MONTANT des dépenses	SOMMES payées	SOMMES restant à payer
ARTICLE UNIQUE.					
1re PARTIE. — DÉPENSES D'ENTRETIEN DES TROUPES ET DE FONCTIONNEMENT DU SERVICE DES VIVRES.					
§ 1er. — ACHATS DE DENRÉES ET MATIÈRES.					
1° Troupes régulières.					
Blé (Conversion de la farine)	300,920 00	20 58	2,291,213 73		
Combustibles	33,714 25	8 63	289,045 50		
Sel	1,561 39	7 63	11,913 10		
Indemnités représentatives de pain	2,845,532 F	0 255	725,616 86		
Total pour les troupes régulières			3,318,789 95		
2° Formations auxiliaires (goums, mokhazeni et tirailleurs).					
Blé (Conversion de la farine)	17,738 24	20 58	370,017 33		
Combustibles	5,374 05	6 73	36,305 22		
Sel	118 66	7 60	905 38		
Indemnités représentatives de pain	75,820	0 230	16,920 15		
Total pour les formations auxiliaires			420,050 08		
Total du paragraphe 1er			3,738,[illegible]		
§ 2. — MATÉRIEL ET FRAIS D'EXPLOITATION.					
Location d'immeubles			50,490 69		
[illegible]			50,000 00		
Entretien du matériel du service			61,537 37		
Objets divers pour le fonctionnement du service			205,288 85		
Total du paragraphe 2			367,321 24		
§ 3. — TRANSPORTS.					
Transport par voie [illegible] de denrées et du matériel envoyés de France, d'Algérie-Tunisie au Maroc			209,970 01		
Total de la 1re partie			4,316,005 08		
2e PARTIE. — DÉPENSES [illegible]					
[illegible]			[illegible]		
[illegible]			[illegible]		
Total de la 2e partie			108,532 15		
Total des deux parties			4,784,537 23		
Application des [illegible] aux dépenses imputées			611,274 85	3,[illegible],382 40	1,050,[illegible] 08
Total du chapitre			5,395,[illegible] 08		
A déduire. [illegible] par défaut d'ordonnancement avant la péremption de l'exercice			1,374,185 87	»	1,311,185 87
Montant définitif du chapitre 24			4,021,[illegible] 61	3,[illegible],[illegible] 00	38,850 21
Crédits accordés			5,262,[illegible] 00		
Excédent de crédits			1,240,710 16		

Annexe au CHAPITRE 24. — *Pain et matériel du service des vivres.*

NOMBRE DE JOURNÉES DE NOURRITURE (PAIN) ET DÉPENSE MOYENNE ANNUELLE PAR HOMME.

DÉSIGNATION DES PARTIES PRENANTES	NOMBRE de journées
Armée active	18,862,281
Effectif en dehors des corps de troupe	780,192
Total	19,642,473
Effectif général moyen	53,872
Montant total des dépenses afférentes à la nourriture (1re partie du compte du chapitre)	4,037,010 85
Dépense moyenne annuelle par homme	74 87

CHAPITRE 25. — *Ordinaire de la troupe.*

NATURE DES DÉPENSES			MONTANT [illegible]	SOMMES [illegible]	SOMMES [illegible]
ARTICLE UNIQUE.					
1re PARTIE. — Dépenses ordinaires des troupes.	Quantités [illegible]	Prix [illegible]			
§ 1er. — Troupes [illegible]					
Denrées composant la ration de campagne. — Viande fraîche	[illegible]	[illegible]	[illegible]		
Conserves de viande	[illegible]	[illegible]	[illegible]		
[illegible]	[illegible]	[illegible]	[illegible]		
Sel	[illegible]	[illegible]	[illegible]		
Sucre	[illegible]	[illegible]	[illegible]		
Café [illegible]	[illegible]	[illegible]	[illegible]		
Lard [illegible]	[illegible]	[illegible]	[illegible]		
Vin	[illegible]	[illegible]	[illegible]		
Primes d'alimentation	[illegible]	[illegible]	[illegible]		
Primes de viande	[illegible]	[illegible]	[illegible]		
Primes [illegible]	[illegible]	[illegible]	[illegible]		
[illegible]			[illegible]		
Total du paragraphe [illegible]			[illegible]		
§ 2. — Formations auxiliaires.					
Denrées composant la ration de campagne. — Viande fraîche	[illegible]	[illegible]	[illegible]		
Conserves de viande	[illegible]	[illegible]	[illegible]		
[illegible]	[illegible]	[illegible]	[illegible]		
Sel	[illegible]	[illegible]	[illegible]		
Sucre	[illegible]	[illegible]	[illegible]		
Café vert	[illegible]	[illegible]	[illegible]		
Lard [illegible]	[illegible]	[illegible]	[illegible]		
[illegible]	[illegible]	[illegible]	[illegible]		
Primes d'alimentation	[illegible]	[illegible]	[illegible]		
Primes [illegible]	[illegible]	[illegible]	[illegible]		
[illegible]			[illegible]		
Total du paragraphe [illegible]			[illegible]		
Total de la 1re partie			[illegible]		
2e PARTIE. — [illegible]			[illegible]		
Application des [illegible]			[illegible]		
Total de la 2e partie			[illegible]		
Total du chapitre 25			[illegible]	[illegible]	[illegible]
[illegible]			[illegible]		
[illegible]			[illegible]		
Dépense [illegible]			[illegible]		

CHAPITRE 26. — *Fourrages.*

NATURE DES DÉPENSES			MONTANT des dépenses	SOMMES [illegible]	SOMMES [illegible]
ARTICLE UNIQUE.	Quantités	Prix moyens			
1re PARTIE. — *Dépenses de nourriture des animaux et de fonctionnement du Service des fourrages.*	Quintaux	fr. c.			
§ 1er. Achats en [illegible]					
1° *Troupes régulières.*					
Foin	[illegible]	[illegible]	[illegible]		
Paille	[illegible]	[illegible]	[illegible]		
Avoine [illegible]	[illegible]	[illegible]	[illegible]		
Vert, son, etc.	[illegible]	[illegible]	[illegible]		
Total des troupes régulières			[illegible]		
2° Formations auxiliaires.					
Foin	[illegible]	[illegible]	[illegible]		
Paille	[illegible]	[illegible]	[illegible]		
Avoine ou orge	[illegible]	[illegible]	[illegible]		
Vert, son, etc.	[illegible]	[illegible]	[illegible]		
Total des formations auxiliaires			[illegible]		
Total du paragraphe 1er			[illegible]		
§ 2. [illegible]					
Frais de [illegible]			[illegible]		
[illegible]			[illegible]		
[illegible] pour le fonctionnement du service			[illegible]		
Total du paragraphe 2			[illegible]		
Total de la 1re partie			[illegible]		
2e PARTIE. — *Dépenses de première mise.*					
[illegible]			[illegible]		
[illegible]			[illegible]		
Total du chapitre 26			[illegible]	[illegible]	[illegible]
[illegible]			[illegible]		[illegible]
[illegible]			[illegible]	[illegible]	[illegible]
[illegible]			[illegible]		
Excédent [illegible]			[illegible]		

OBSERVATIONS. — [illegible]

[illegible] DES PARTIES PRENANTES	[illegible]
[illegible]	[illegible]
[illegible]	[illegible]
[illegible]	[illegible]
[illegible]	[illegible]

CHAPITRE 27. — *Chauffage et éclairage.*

NATURE DES DÉPENSES.		QUANTITÉS.	PRIX MOYENS des 1000 (des prismes).	MONTANT des dépenses.	SOMMES PAYÉES.	SOMMES restant à payer.
				f. c.	f. c.	f. c.
ARTICLE UNIQUE.						
1re PARTIE. — *Dépenses d'entretien et de fonctionnement du Service.*		quintaux.	f. c.			
§ 1er. Consommation.						
1° *Troupes régulières.*						
Chauffage…	Charbon de terre	13,013 28	6 86	89,287 32		
	Bois	133,264 86	2 95	393,017 18		
Éclairage…	Pétrole	647 71	52 56	35,019 24		
	Bougies	1,046 43	119 05	185,519 03		
	Indemnités représentatives			8,537 53		
Total des troupes régulières				650,873 70		
2° *Formations auxiliaires.*						
Chauffage…	Charbon de terre					
	Bois	3,186 88	4 81	15,287 86		
Éclairage…	Pétrole	6 52	50 44	328 10		
	Bougies	5 47	132 12	606 60		
Total des formations auxiliaires				16,222 56		
Total du paragraphe 1er				667,096 26		
§ 2. Matériel.						
Entretien du matériel de service				7,345 80		
Total de la 1re partie				675,442 12		
2e PARTIE. — *Dépenses de première mise.*						
Remplacements dans les approvisionnements des matériels qui y ont été prélevés et expédiés au Maroc				3,836 00		
Total du Chapitre 27				678,278 12	676,021 59	2,256 53
Crédits accordés				1,121,410 00		
Excédent des crédits				443,131 88		

CHAPITRE 28. — *Habillement et campement.*

NATURE DES DÉPENSES.	MONTANT des dépenses.	SOMMES PAYÉES.	SOMMES restant à payer.
	f. c.	f. c.	f. c.
ARTICLE UNIQUE.			
1re PARTIE. — *Dépenses d'entretien.*			
§ 1er. — HABILLEMENT ET ÉQUIPEMENT (1).			
1° Troupes régulières / 2° Formations auxiliaires	7,849,272 76	7,398,730 89	450,532 87
§ 2. CAMPEMENT (1)	1,007,728 27	1,007,728 27	
§ 3. TRANSPORTS.			
Frais de transport en France et en Algérie-Tunisie du matériel expédié au Maroc	43,333 72	40,408 02	2,923 80
Total de la 1re partie	8,900,334 70	8,446,878 03	453,456 67
2e PARTIE. — *Dépenses de première mise* (1)	2,678,810 80	2,678,810 89	
Total du Chapitre 28	11,579,145 50	11,125,688 92	453,456 67
Crédits accordés	14,617,670 00		
Excédent de crédits	3,038,524 41		

(1) La comptabilité des Services de l'habillement, du campement et du couchage ayant été complètement détruite lors de l'incendie du 11 mars 1918 provoqué par une bombe aérienne ennemie, n'a pu être reconstituée que globalement.

Chapitre 29. — *Couchage.*

NATURE DES DÉPENSES.	MONTANT des dépenses.	SOMMES payées.	SOMMES restant à payer.
ARTICLE UNIQUE.			
1re Partie. — *Dépenses d'entretien.*			
§ 1er. Achats de paille, pour le [illegible] (1).			
Troupes régulières. Formations auxiliaires (cadres)	210,743 41	210,743 41	
§ 2. Ameublement.			
Mobilier de bureau et machines à écrire pour les bureaux des états-majors et de l'intendance	10,071 35	10,071 35	
§ 3. Transport.			
Frais de transport en France et en Algérie-Tunisie du matériel expédié au Maroc	661 25	249 30	411 95
Total de la 1re partie	221,476 01	221,063 06	411 95
2e Partie. — *Dépenses de première mise* (1).			
Substitution progressive du matériel de couchage ordinaire au matériel de couchage auxiliaire dont sont pourvues les troupes d'occupation. Ameublement mobilier, matériel et chambres de réfectoire pour de nouvelles troupes à constituer	58,579 86	58,978 50	
Total du Chapitre 29	280,055 87	280,041 72	411 95
Crédits accordés	1,717,[illegible]		
Excédent de crédits	1,437,036 33		

(1) La comptabilité des Services de l'habillement, du campement et du couchage ayant été complètement détruite lors de l'incendie du 11 mars 1916 provoqué par une bombe aérienne ennemie, n'a pu être reconstituée que globalement.

Chapitre 30. — *Dépenses diverses.*

NATURE DES DÉPENSES.	MONTANT des dépenses.	SOMMES payées.	SOMMES restant à payer.
ARTICLE UNIQUE.			
Matériel des écoles régimentaires. — Infanterie	8,290 81	8,290 81	
Matériel des écoles régimentaires. — Cavalerie	553 16	436 66	116 50
Total du chapitre 30	8,843 97	8,727 47	116 50
Crédits accordés	19,760 00		
Excédent de crédits	10,916 03		

Chapitre 31. — [illegible]

NATURE DES DÉPENSES	MONTANT [illegible]	SOMMES [illegible]	SOMMES [illegible]
ARTICLE UNIQUE			
§ 1. — [illegible]			
[illegible]	2.277 50		
[illegible]	10.910 [illegible]		
[illegible]	334 50		
Total du paragraphe 1	50.701 73	50.110 [illegible]	[illegible]
§ 2. — [illegible]			
[illegible]	130.820 [illegible]		
[illegible]	123.586 27		
[illegible]	202.108 [illegible]		
[illegible]	150 00		
[illegible]	[illegible]		
Total du paragraphe 2	[illegible]	[illegible]	
§ 3. — [illegible]			
[illegible]			
[illegible]			
[illegible]			
Total du paragraphe 3	[illegible]	[illegible]	[illegible]
§ 4. — [illegible]			
[illegible]	[illegible]	[illegible]	
§ 5. — [illegible]			
[illegible]	4.031 [illegible]	[illegible]	[illegible]
Total du chapitre 31	2.897.[illegible]	2.859.[illegible]	[illegible]
Crédit accordé	3.100.450 00		
Excédent de crédit	202.[illegible]		

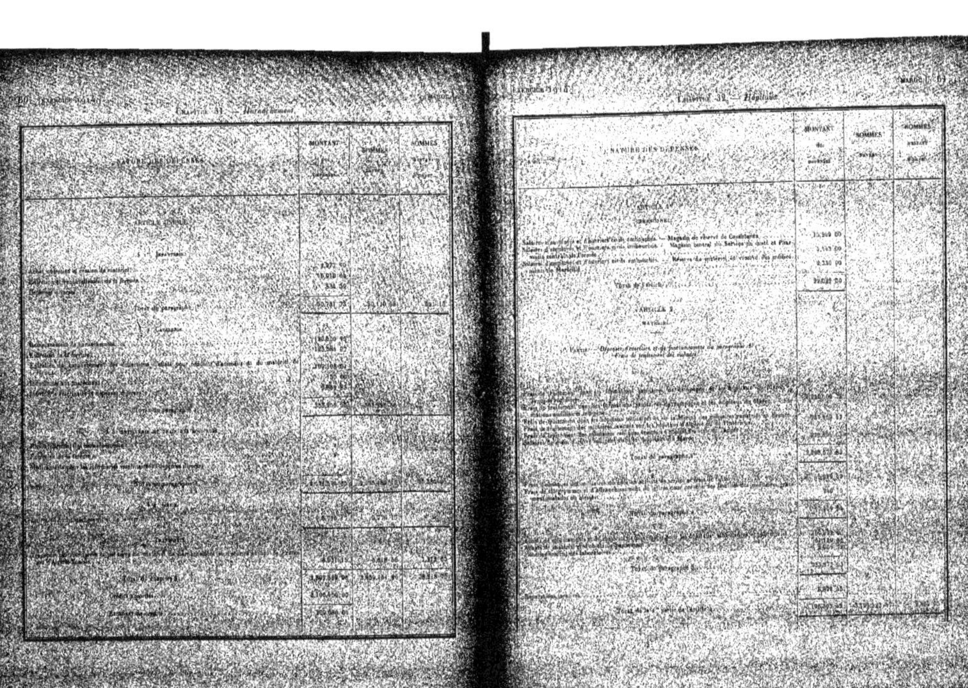

Chapitre 32. — Hôpitaux.

NATURE DES DÉPENSES	MONTANT du paragraphe	SOMMES payées	SOMMES restant à payer
ARTICLE 1er			
PERSONNEL			
Salaires d'employés et d'ouvriers civils embauchés. — Magasin de réserve de Casablanca	15.[illegible] 00		
Salaires d'employés et d'ouvriers civils embauchés. — Magasin central du Service de santé et Pharmacie centrale de l'armée	[illegible] 00		
Salaires d'employés et d'ouvriers civils embauchés. — Réserve du matériel et réserve des médicaments du Maroc	2.330 00		
Total de l'article 1er	[illegible] 00		
ARTICLE 2			
MATÉRIEL			
1re Partie. — Dépenses d'entretien et de fonctionnement du paragraphe 4. Frais de traitement des malades.			
[illegible]	[illegible]		
[illegible]	[illegible]		
[illegible]	[illegible]		
Total du paragraphe 1er	[illegible]		
[illegible]	[illegible]		
[illegible]	[illegible]		
Total du paragraphe 2	[illegible]		
[illegible]	[illegible]		
[illegible]	[illegible]		
[illegible]	[illegible]		
Total du paragraphe 3	[illegible]		
[illegible]	[illegible]		
Total de la 1re partie de l'article 2	[illegible]	[illegible]	[illegible]

CHAPITRE 32. — *Hôpitaux.* (Suite.)

NATURE DES DÉPENSES.	MONTANT des DÉPENSES.	SOMMES PAYÉES.	SOMMES RESTANT à payer.
	fr. c.	fr. c.	fr. c.
2° PARTIE. — *Dépenses de première mise.*			
§ 4.			
Médicaments et matériel de pharmacie			
Matériel et objets de pansements			
Matériel pour la constitution de diverses formations sanitaires			
Matériel pour la transformation des formations sédentaires en hôpitaux sédentaires			
Achat de nouvelles voitures ambulances			
§ 5. INSTALLATIONS.			
Création de deux laboratoires mobiles de radiographie à *Fez* et à Marrakech			
Installations électrothérapiques, mécanothérapiques et balnéothérapiques à Fez			
Installations nouvelles à l'hôpital de *Fez* (matériel de buanderie, cuisine, etc.)			
Installations nouvelles à l'hôpital de Meknès			
Constructions, transformations et aménagement d'infirmeries hôpitaux			
§ 7.			
Mesures de prophylaxie contre la peste			
Subvention à la Société de secours aux blessés pour l'installation d'un dépôt de convalescents à Salé			
TOTAL de l'article 2 (1)	3,196,393 42	3,193,423 47	2,969 95
TOTAL de l'article 1er	22,022 00	22,022 00	»
TOTAL du chapitre 32	3,218,415 42	3,215,445 47	2,969 95
Crédits accordés	4,992,000 00		
Excédent de crédits	1,773,584 58		

(1) Les dépenses de la 2e partie de l'article 2 ont été confondues avec celles de la 1re partie.

Annexe au Service de santé. (Matériel.)

RÉPARTITION DES JOURNÉES DE TRAITEMENT.	NOMBRE DE JOURNÉES de traitement.	TOTAL.
1° *Effectif de l'armée active.*		
Officiers supérieurs	1,081	
Officiers subalternes	10,756	
Sous-officiers de toutes armes	35,567	
Caporaux, brigadiers, etc.	817,480	
TOTAL		864,884
2° *Détenus militaires, etc.*	Néant.	
3° *Réservistes.*		
Caporaux et soldats	1,117	1,117
4° *Armée territoriale.*		
Officiers subalternes	78	
Sous-officiers	336	
Caporaux et soldats	10,854	
TOTAL		11,268
5° À ajouter :		
Pour les journées des parties prenantes étrangères à l'effectif et dont le montant doit être réintégré au budget du Service de santé :		
Sous-officiers	4	
Caporaux et soldats	439	
TOTAL		443
TOTAL des journées de traitement		877,692
TOTAL des journées de traitement :		
Officiers supérieurs	1,081	Prix moyen de la journée de traitement : 2f 538
Officiers subalternes	10,834	
Sous-officiers	35,907	
Caporaux et soldats	829,870	
TOTAL	877,692	

Chapitre 33. — *Entretien des troupes auxiliaires marocaines.*

Effectif réalisé.	NATURE DES DÉPENSES.	MONTANT des dépenses.	SOMMES payées.	SOMMES restant à payer.
		fr. c.	fr. c.	fr. c.
	ARTICLE 1er. SOLDE DES PERSONNELS MILITAIRES.			
	1re Partie. — *Cadres français et indigènes algériens.*			
	§ 1er. Solde.			
	1° *Officiers.*			
110	Officiers de tous grades	541,703 02		
	Indemnité de monture	32,558 00		
	Total des officiers	574,261 02		
	2° *Troupes.*			
477	Solde de la troupe	1,730,148 66		
	Total du paragraphe 1er	2,315,410 07		
	§ 2. Indemnités.			
	Indemnités spéciales communes à tout le personnel militaire français au Maroc	401,800 40		
	Indemnités de fonctions spéciales aux cadres des troupes auxiliaires marocaines	723,171 70		
	Indemnités de frais de service et de bureau	26,318 06		
	Indemnités pour fournitures d'imprimés	1,507 20		
	Indemnités d'entrée en campagne	48,153 00		
	Avantages spéciaux aux militaires français servant au delà de la durée légale et aux indigènes algériens (Hautes-payes, primes d'engagement et de rengagement.)	313,780 08		
	Primes pour connaissance de langue arabe ou berbère	16,735 86		
	Indemnités pour perte d'effets	1,050 00		
	Total du paragraphe 2	1,529,983 95		
	Total de la 1re partie	3,845,394 02		
	2e Partie. — *Personnel marocain.*			
	§ 1er. Solde.			
	1° *Officiers.*			
90	Officiers de tous grades	270,861 81		
	2° *Troupe.*			
5,055	Solde de la troupe	3,234,890 71		
	Total du paragraphe 1er	3,505,749 52		
	§ 2. Indemnités diverses.			
	Indemnités de frais de service aux officiers marocains	48,340 81		
	Indemnités de première mise d'équipement aux officiers marocains	21,550 00		
	Primes d'engagement et de rengagement des militaires marocains	551,007 87		
	Hautes-payes d'ancienneté des militaires marocains	620 75		
	Masse de gratification	26,054 71		
	Total du paragraphe 2	648,302 34		
	Total de la 2e partie	4,154,131 86		
	Ensemble de la 1re partie	7,999,525 88	7,999,525 88	

Suite du Chapitre 33. — *Entretien des troupes auxiliaires marocaines.*

NATURE DES DÉPENSES.	MONTANT des dépenses.	SOMMES payées.	SOMMES restant à payer.
	fr. c.	fr. c.	fr. c.
ARTICLE 2. FRAIS DE DÉPLACEMENTS ET TRANSPORTS.			
Indemnités de frais de déplacement	714 20		
Transports de personnels et de matériels destinés aux troupes auxiliaires marocaines, convois par voie ferrée et voie fluviale au Maroc	16,853 31		
Total de l'article 2	17,567 51	17,567 51	
ARTICLE 3. ARTILLERIE (MATÉRIEL ET MUNITIONS).			
§ 1er. Armes portatives.			
Fournitures de fusils, carabines, mousquetons, sabres pour l'armement des troupes auxiliaires marocaines			
Rechanges pour armes du bout modèle			
Entretien et réparation des armes dans les corps de troupe			
Total du paragraphe 1er	40,024 08	40,024 08	
§ 2. Munitions.			
Cartouches pour fusils et revolvers			
§ 3. Matériel d'artillerie.			
Entretien du matériel roulant d'artillerie et du train et du harnachement			
ARTICLE 4. BÂTIMENTS ET CONSTRUCTIONS.			
Menues réparations, entretien courant des bâtiments affectés aux troupes auxiliaires marocaines	781,728 98		
Améliorations aux bâtiments et aux installations existants	»		
Construction de casernements nouveaux	»		
Total de l'article 4	781,728 98	781,728 98	
ARTICLE 5. ENTRETIEN DU PERSONNEL ANGLAIS.			
Solde et indemnités	10,045 29	10,045 29	
ARTICLE 6. REMONTES.			
Achat de chevaux et mulets	756,306 16	756,306 16	
ARTICLE 7. SUBSISTANCES, CHAUFFAGE ET ÉCLAIRAGE.			
§ 1er. Alimentation de la troupe.			
Prestations d'alimentation des militaires à solde journalière des cadres français et algériens	917,330 92		
Prestations d'alimentation des indigènes marocains			
§ 2. Fourrages.			
Nourriture des chevaux, mulets, etc. des troupes auxiliaires marocaines	2,604,805 09		
§ 3. Chauffage et éclairage.			
Chauffage des militaires à solde journalière des cadres français et algériens	35,094 98		
Éclairage de la troupe			
Total de l'article 7	3,557,430 99	3,557,430 99	
Report des articles 2 à 7	5,163,803 96	5,163,803 96	

Suite du CHAPITRE 33. — *Entretien des troupes auxiliaires marocaines.*

NATURE DES DÉPENSES.	MONTANT des dépenses.	SOMMES payées.	SOMMES restant à payer.
Report des articles 1 à 7	4,460,601 90	4,460,601 90	»
ARTICLE 8. HABILLEMENT, CAMPEMENT, COUCHAGE ET HARNACHEMENT.			
§ 1er.			
Habillement (1)	1,107,050 37	1,098,210 52	8,818 85
§ 2.			
Campement et couchage (1)	42,031 81	42,031 81	»
§ 3. Harnachement.			
A. *Primes journalières.*			
Chevaux d'officiers	9,216 00		
Chevaux de troupe	259,381 50		
TOTAL	268,597 50		
B. *Dépenses diverses.*			
Confection de harnachement ou achats. Entretien du harnachement et dépenses diverses	164,283 08		
TOTAL du paragraphe 3	432,880 58	432,384 [illegible]	356 [illegible]
TOTAL de l'article 8	1,581,772 02	1,572,596 73	9,175 29
ARTICLE 9. SERVICE DE SANTÉ.			
Frais de traitement des militaires des troupes auxiliaires marocaines dans les formations sanitaires de campagne	189,811 38	189,811 78	»
TOTAL des articles 1 à 9	6,031,185 76	6,022,010 47	9,175 29
Report des articles 10, 11 et 12 (1re partie)	7,997,528 88	7,997,528 88	»
TOTAL du chapitre 33	14,028,714 64	14,019,539 35	9,175 30
Crédit accordé	18,915,819 93		
Excédant de crédit	3,887,105 29		

(1) [illegible]

CHAPITRE 34. — *Dépenses des Exercices périmés non frappées de déchéance.*

NATURE DES DÉPENSES.	MONTANT des dépenses.	OBSERVATIONS.
Néant.		

CHAPITRE 35. — *Dépenses des exercices clos.*

NATURE DES DÉPENSES.	MONTANT des dépenses.	OBSERVATIONS.
Néant.		

CHAPITRE 36. — *Rappels de dépenses payables sur revenus [illegible] antérieures à 1914 et non frappées de déchéance.*

CHAPITRES.	ARTICLES.	DÉSIGNATION DES SERVICES.	PAYEMENTS EFFECTUÉS PENDANT L'ANNÉE 1914. 1910.	1911.	1912.	1913.	TOTAL PAR ARTICLES.	TOTAL PAR CHAPITRES.	OBSERVATIONS.
			f. c.	f. c.	f. c.	f. c.	f. c.	f. c.	
		ARTICLE UNIQUE.							
1	1	État-major général	»	»	»	2,798 72	2,798 72	42,591 72	
	2	Service d'état-major	»	»	173 50	15,033 73	15,207 23		
	4	Affaires indigènes et interprètes militaires	»	»	265 00	22,631 93	22,896 93		
	6	Personnel de la Trésorerie et des postes	»	»	»	2,092 84	2,092 84		
2	1	État-major particulier de l'artillerie	»	»	120 73	5,185 63	5,306 36	10,186 44	
	2	État-major particulier du génie	»	»	100 00	4,780 08	4,880 08		
3	Unique.	Service de l'intendance militaire	»	»	»	4,326 03	4,326 03	4,326 03	
4	»	Service de santé	»	»	»	25,082 25	25,082 25	25,082 25	
5	»	Vétérinaires militaires et dépôts de remonte mobile	»	»	»	2,419 27	2,419 27	2,419 27	
6	»	Solde de l'infanterie	85 15	87 70	5,530 89	761,361 38	775,780 22	770,780 22	
7	»	Solde de la cavalerie	»	»	2,072 54	177,278 04	179,350 58	179,350 58	
8	»	Solde de l'artillerie	»	»	318 47	110,970 50	111,288 97	111,288 97	
9	»	Solde du génie	»	»	197 95	60,881 81	61,079 76	61,079 76	
10	»	Solde de l'aéronautique	»	»	»	6,544 33	6,544 33	6,544 33	
11	»	Solde du train des équipages militaires	»	»	72 55	105,916 14	105,988 69	105,988 69	
12	»	Solde des troupes d'administration	»	»	»	94,483 29	94,483 29	94,483 29	
13	»	Gendarmerie	»	»	»	124,620 28	124,620 28	124,620 28	
15	1er et 2	Justice militaire	»	»	»	2,030 02	2,030 02	2,030 02	
35	1er	Entretien des troupes auxiliaires marocaines. (Solde.)	»	»	»	116,571 07	116,571 07	116,571 07	
		TOTAUX du Chapitre 36	85 15	87 70	8,851 63	1,656,433 94	1,665,258 02	1,665,258 02	
		TOTAL ÉGAL			1,665,258f 02c				

2e TROUPES COLONIALES

CHAPITRE 37. — *États-majors.*

Effectif moyen réalisé.	NATURE DES DÉPENSES.	MONTANT des DÉPENSES.	SOMMES PAYÉES.	SOMMES RESTANT à payer.
		fr. c.	fr. c.	fr. c.
	ARTICLE 1er. ÉTAT-MAJOR GÉNÉRAL.			
	§ 1er. Solde.			
»	Généraux de division	»		
2	Généraux de brigade	38,487 37		
2	Total du paragraphe 1er	38,487 37		
	§ 2. Indemnités.			
	Indemnité spéciale	7,850 50		
	Indemnité de fonctions, bureau, service et abonnement au *Journal officiel*	8,038 75		
	Indemnité d'entrée en campagne	»		
	Indemnité pour perte d'effets	657 00		
	Total du paragraphe 2	16,555 25		
	Total de l'Article 1er	55,042 62	55,042 62	
	ARTICLE 2. ÉTAT-MAJOR PARTICULIER DE L'INFANTERIE COLONIALE.			
	§ 1er. Solde.			
»	Colonel	»		
1	Lieutenant-colonel	13,185 26		
[illegible]	Chefs de bataillon	37,813 09		
[illegible]	Capitaines	38,110 18		
[illegible]	Lieutenants	2,118 24		
[illegible]	Total du paragraphe 1er	93,232 17		
	§ 2. Indemnités.			
	Indemnité spéciale	16,649 73		
	Indemnité de monture	1,601 00		
	Indemnité de fonctions, bureau, service et abonnement au *Journal officiel*	2,348 25		
	Indemnité d'entrée en campagne	3,108 00		
	Indemnité pour perte d'effets	930 00		
	Total du paragraphe 2	25,145 00		
	Total de l'Article 2	118,377 16	118,377 16	
	ARTICLE 3. ÉTAT-MAJOR PARTICULIER DE L'ARTILLERIE COLONIALE.			
	§ 1er. Solde.			
[illegible]	Lieutenant-colonel	3,598 10		
[illegible]	Chefs d'escadron	27,062 64		
[illegible]	Capitaines	22,604 75		
[illegible]	Officiers d'administration	50,204 82		
[illegible]	Total du paragraphe 1er	103,470 11		
	§ 2. Indemnités.			
	Indemnité spéciale	17,359 60		
	Indemnité de monture	1,327 00		
	Indemnité d'entrée en campagne	4,055 60		
	Indemnité pour perte d'effets	250 00		
	Total du paragraphe 2	22,824 00		
	Total de l'Article 3	126,294 11	126,294 11	
	Total du Chapitre 37	299,713 89	299,713 89	
	Crédits accordés	526,036 32		
	Excédent de crédits	227,322 [illegible]		

CHAPITRE 38. — *Service de l'intendance.*

Effectif moyen réalisé.	NATURE DES DÉPENSES.	MONTANT des DÉPENSES.	SOMMES PAYÉES.	SOMMES RESTANT à payer.
		fr. c.	fr. c.	fr. c.
	ARTICLE UNIQUE.			
	§ 1er. Solde.			
	1° *Fonctionnaires de l'intendance coloniale.*			
»	Intendant général	»		
»	Intendant militaire	»		
»	Sous-intendant militaire de 1re classe	»		
1	Sous-intendants militaires de 2e classe	15,101 22		
3	Sous-intendants militaires de 3e classe	28,196 97		
2	Adjoints à l'intendance	15,287 18		
6	Total	54,585 87		
	2° *Officiers d'administration du cadre des bureaux et des magasins.*			
»	Officiers d'administration principaux	»		
2	Officiers d'administration de 1re classe	14,340 95		
5	Officiers d'administration de 2e classe	38,385 08		
1	Officiers d'administration de 3e classe	3,556 05		
8	Total	57,381 08		
15	Total du paragraphe 1er	111,966 45		
	§ 2. Indemnités.			
	Indemnité spéciale	17,100 24		
	Indemnité de fonctions, bureau et abonnement au *Journal officiel*	9,732 40		
	Indemnité de monture	2,597 50		
	Indemnité d'entrée en campagne	5,750 00		
	Total du paragraphe 2	35,189 14		
	Total du Chapitre 38	138,155 89	138,155 89	
	Crédits accordés	162,737 78		
	Excédent de crédits	24,581 89		

CHAPITRE 39. — *Service de santé.*

EFFECTIF moyen réalisé.	NATURE DES DÉPENSES.	MONTANT des DÉPENSES.	SOMMES PAYÉES.	SOMMES RESTANT à payer.
		fr. c.	fr. c.	fr. c.
	ARTICLE UNIQUE.			
	§ 1er. Solde.			
	Médecins.			
»	Médecins inspecteurs	»		
»	Médecins principaux de 1re classe	»		
1	Médecins principaux de 2e classe	1,537 18		
3	Médecins-majors de 1re classe	34,058 15		
3	Médecins-majors de 2e classe	18,456 22		
»	Médecins aide-majors	»		
7	Total	54,051 55		
	Pharmaciens.			
	Pharmaciens-majors de 1re classe	»		
	Pharmaciens-majors de 2e classe	»		
	Pharmaciens aide-majors de 1re classe	»		
	Pharmaciens aide-majors de 2e classe	»		
	Total	»		
	Officiers d'administration.			
»	Officiers d'administration de 1re classe	»		
2	Officiers d'administration de 2e classe	11,649 65		
»	Officiers d'administration de 3e classe	»		
2	Total	11,649 65		
9	Total du paragraphe 1er	65,701 20		
	§ 2. Indemnités.			
	Indemnité spéciale	11,909 35		
	Indemnité de bureau, fonctions, service et abonnement au *Journal officiel*	1,063 09		
	Indemnité de monture	1,207 30		
	Indemnité de première mise d'équipement et de harnachement	395 00		
	Indemnité d'entrée en campagne	2,730 10		
	Total du paragraphe 2	17,274 84		
	Total du Chapitre 39	82,976 04	82,976 04	
	Crédits accordés	169,299 03		
	Excédent de crédits	86,323 09		

CHAPITRE 40. — *Infanterie coloniale.*

EFFECTIF moyen réalisé.	NATURE DES DÉPENSES.	MONTANT des DÉPENSES.	SOMMES PAYÉES.	SOMMES RESTANT à payer.
		fr. c.	fr. c.	fr. c.
	ARTICLE UNIQUE.			
	§ 1er. Solde.			
	1° Officiers.			
236	Officiers de tous grades	1,877,916 31		
	Indemnité de monture	31,250 00		
	Total	1,909,166 31		
	2° Troupe.			
640	Sous-officiers à solde mensuelle	2,279,950 55		
11,374	Militaires à solde journalière	2,697,894 68		
12,014 (1)	Total	4,977,845 23		
	Total du paragraphe 1er	6,886,011 54		
	§ 2. Indemnités.			
	Indemnité spéciale	971,763 13		
	Indemnité pour frais de service, de bureau et abonnement au *Journal officiel*	57,667 42		
	Indemnité d'entrée en campagne	28,978 50		
	Indemnité de départ colonial aux sous-officiers mariés autres que les adjudants	»		
	Indemnité de départ colonial aux indigènes sénégalais	67,895 50		
	Indemnité de première mise d'équipement et harnachement	44,170 00		
	Indemnité pour perte d'effets et de chevaux	875 00		
	Avantages spéciaux aux militaires servant au-delà de la durée légale	1,648,780 63		
	Avantages spéciaux aux indigènes	1,124,563 59		
	Total du paragraphe 2	4,024,258 70		
	Total du Chapitre 40	10,930,970 24	10,929,032 47	1,938 77
	Crédits accordés	11,545,862 68		
	Excédent de crédits	615,892 44		

(1) Dont 7,985 indigènes sénégalais.

CHAPITRE 41. — *Artillerie coloniale.*

Effectif moyen réalisé.	NATURE DES DÉPENSES.	MONTANT des dépenses.	SOMMES payées.	SOMMES restant à payer.
		fr. c.	fr. c.	fr. c.
	ARTICLE UNIQUE.			
	§ 1er. Solde.			
	1° *Officiers.*			
41	Officiers de tous grades	307,332 62		
	Indemnité de monture	7,495 00		
	Total	314,827 62		
	2° *Troupe.*			
110	Sous-officiers à solde mensuelle	346,038 20		
2,000	Militaires à solde journalière	485,126 65		
2,110 (1)	Total	831,758 85		
	Total du paragraphe 1er	1,146,586 47		
	§ 2. Indemnités.			
	Indemnité spéciale	100,730 12		
	Indemnité pour frais de service, de bureau, abonnement au *Journal officiel*	6,133 80		
	Indemnité d'entrée en campagne	8,188 00		
	Indemnité de départ colonial aux sous-officiers mariés autres que les indigènes	16,682 00		
	Indemnité de départ colonial aux indigènes sénégalais	»		
	Indemnité de première mise d'équipement et de harnachement	9,785 00		
	Indemnité pour perte d'effets ou de chevaux	»		
	Avantages spéciaux aux militaires servant au delà de la durée légale	215,097 60		
	Avantages spéciaux aux indigènes	99,091 32		
	Total du paragraphe 2	711,447 93		
	Total du Chapitre 41	1,858,034 40	1,858,034 40	
	Crédits accordés	2,202,092 06		
	Excédent de crédits	344,057 66		

(1) Dont ... indigènes sénégalais.

CHAPITRE 42. — *Écoles. — Justice militaire et réparations civiles.*

NATURE DES DÉPENSES.	MONTANT des dépenses.	SOMMES payées.	SOMMES restant à payer.
	fr. c.	fr. c.	fr. c.
ARTICLE 1er.			
ÉCOLES RÉGIMENTAIRES.			
Médailles pour prix de tir	184 28	184 28	
ARTICLE 2.			
JUSTICE MILITAIRE ET RÉPARATIONS CIVILES.			
....	»	»	
Total du Chapitre 42	184 28	184 28	
Crédits accordés	23,000 00		
Excédent de crédits	22,815 72		

CHAPITRE 43. — *Frais de déplacements.*

NATURE DES DÉPENSES.	MONTANT des dépenses.	SOMMES payées.	SOMMES restant à payer.
	fr. c.	fr. c.	fr. c.
ARTICLE 1er.			
FRAIS DE DÉPLACEMENT ISOLÉS.			
Frais de déplacement des militaires se rendant isolément de France à leur corps ou service d'affectation au Maroc ou en revenant	59,025 19		
TOTAL de l'Article 1er	59,025 19		
ARTICLE 2.			
CONVOIS MILITAIRES.			
Transport de Marseille à Casablanca et vice versa de militaires de la relève et de ceux rapatriés	255,536 95		
Transport de Dakar à Casablanca et vice versa des militaires indigènes de la relève et de ceux rapatriés	230,179 40		
Transport à l'intérieur du Sénégal des indigènes rapatriés et de leur relève	367,219 18		
TOTAL de l'Article 2	852,935 53		
ARTICLE 3.			
TRANSPORTS SPÉCIAUX.			
Transport par mer du matériel des troupes coloniales envoyé au Maroc	49,549 74		
TOTAL de l'Article 3	49,549 74		
TOTAL du Chapitre 43	961,510 46	948,026 48	13,483 98
Crédits accordés	2,157,000 00		
Excédent de crédits	1,195,489 54		

CHAPITRE 44. — *Artillerie. (Matériel et munitions.)*

NATURE DES DÉPENSES.	MONTANT des dépenses.	SOMMES payées.	SOMMES restant à payer.
	fr. c.	fr. c.	fr. c.
ARTICLE 1er.			
MATÉRIEL.			
Matériel d'artillerie, armes portatives et dépenses	22,302 31		
Entretien du harnachement et des voitures des équipages régimentaires	1,385 57		
TOTAL de l'Article 1er	23,687 88	23,687 88	»
ARTICLE 2.			
MUNITIONS.			
	»	»	»
ARTICLE 3.			
TRANSPORTS.			
Frais de transports	4,377 75	3,844 00	533 75
TOTAL de l'Article 3	4,377 75		
TOTAL du Chapitre 44	28,065 63	27,531 88	533 75
Crédits accordés	970,600 00		
Excédent de crédits	942,534 37		

CHAPITRE 45. — *Remonte.*

NATURE DES DÉPENSES.	MONTANT des dépenses.	SOMMES payées.	SOMMES restant à payer.
	fr. c.	fr. c.	fr. c.
ARTICLE UNIQUE.			
Achat de chevaux et mulets	91,110 00	91,110 00	»
Total du chapitre 45	91,110 00	91,110 00	»
Crédits accordés	587,710 00		
Excédent de crédits	496,600 00		

CHAPITRE 46. — *Subsistances.* — *Chauffage et éclairage.*

NATURE DES DÉPENSES.	MONTANT des dépenses.	SOMMES payées.	SOMMES restant à payer.
	fr. c.	fr. c.	fr. c.
ARTICLE 1er. VIVRES. — PAIN.			
Pain (rations et indemnités représentatives) pour les militaires européens	444,637 00		
Total de l'article 1er	444,637 00		
ARTICLE 2. ORDINAIRES DE LA TROUPE.			
§ 1er. Allocations normales.			
Denrées. — Rations normales de campagne pour les européens	2,382,156 34		
Denrées. — Rations des indigènes sénégalais	4,550,717 75		
Primes permanentes pour les européens. — Prime fixe d'alimentation	538,185 74		
Primes permanentes pour les européens. — Prime supplémentaire	168,754 03		
Total du paragraphe 1er	7,648,815 80		
§ 2. Allocations complémentaires.			
Denrées pour les européens. — Vin	8,606 08		
Denrées pour les européens. — Ration forte de campagne	18,017 45		
Primes éventuelles	»		
Indemnité à l'occasion de la Fête nationale	3,873 80		
Total du paragraphe 2	30,497 93		
Total de l'article 2	7,679,313 70		
ARTICLE 3. FOURRAGES.			
Rations de fourrages	2,934,573 83		
ARTICLE 4. CHAUFFAGE ET ÉCLAIRAGE.			
§ 1er. Combustibles.			
Bois pour la cuisson des aliments et le chauffage d'hiver	263,947 64		
Éclairage	17,613 50		
Total du paragraphe 1er	281,561 14		
§ 2. Matériel.			
Entretien du matériel d'éclairage	2,727 34		
Total de l'article 4	284,288 48		
Total du chapitre 46	11,342,813 01	11,322,983 83	19,829 18
Crédits accordés	12,506,320 00		
Excédent de crédits	1,163,506 99		

CHAPITRE 47. *Habillement. — Campement. — Couchage. — Harnachement.*

NATURE DES DÉPENSES.	MONTANT des dépenses.	SOMMES payées.	SOMMES restant à payer.
	fr. c.	fr. c.	fr. c.
ARTICLE 1er.			
MASSE INDIVIDUELLE DANS LES CORPS DE TROUPE.			
Primes journalières, premières mises et suppléments de premières mises	1,536,038 45	1,480,179 68	55,858 75
ARTICLE 2.			
MASSE GÉNÉRALE D'ENTRETIEN.			
Primes journalières et primes d'entretien pour les fanfares	81,080 67	81,080 67	»
ARTICLE 3.			
COUCHAGE.			
Effets ou objets et matières, fourrages	565 60	565 60	»
ARTICLE 4.			
HARNACHEMENT ET FERRAGE.			
Frais de harnachement et de ferrage	151,192 00	151,192 00	»
ARTICLE 5.			
FRAIS GÉNÉRAUX.			
Achats et confections, frais généraux	172,345 15	166,776 90	5,568 25
TOTAL du chapitre 47	1,931,221 93	1,868,794 93	62,427 00
Crédits accordés	3,254,979 00		
Excédent de crédits	1,323,758 07		

CHAPITRE 48. — *Hôpitaux.*

NATURE DES DÉPENSES.	MONTANT des dépenses.	SOMMES payées.	SOMMES restant à payer.
	fr. c.	fr. c.	fr. c.
ARTICLE UNIQUE.			
1re PARTIE. — DÉPENSES ORDINAIRES ET DE FONCTIONNEMENT DU SERVICE.			
§ 1er. FRAIS DE TRAITEMENT.			
Frais de traitement dans les formations sanitaires de campagne et dans les hôpitaux du Maroc	660,264 91		
Frais d'hospitalisation dans les hôpitaux militaires et de la Marine des militaires rapatriés en France	»		
Frais de traitement à l'Institut Pasteur de Tanger des militaires rabiques	»		
§ 2.			
Frais d'obsèques des militaires décédés en activité de service et frais de culte	34 55		
§ 3.			
Achat d'appareils prothétiques	»		
Matériel, médicaments et objets de pansement pour les infirmeries des corps de troupe	185,875 22		
Réparations locatives	»		
Dépenses diverses	5,302 71		
TOTAL de la 1re partie	851,477 39		
2e PARTIE. — DÉPENSES DE PREMIÈRE MISE.			
Constitution d'un approvisionnement de réserve de matériel médical spécial aux troupes coloniales	»		
Transformation de l'ambulance coloniale	»		
TOTAL du chapitre 48	851,477 39	851,355 84	98 55
Crédits accordés	1,415,950 00		
Excédent de crédits	564,472 61		

CHAPITRE 49. — *Gratifications de réforme et Secours.*

NATURE DES DÉPENSES.	MONTANT des DÉPENSES.	SOMMES PAYÉES.	SOMMES RESTANT à payer.
	fr. c.	fr. c.	fr. c.
ARTICLE UNIQUE.			
1° Gratifications de réforme permanentes et renouvelables	»		
2° Secours aux familles des indigènes tués ou blessés	»		
Total du Chapitre 49	»		
Crédits accordés	45,000 00		
Excédent de crédits	45,000 00		

CHAPITRE 50. — *Dépenses des exercices périmés non frappées de déchéance.*

NATURE DES DÉPENSES.	MONTANT DES DÉPENSES.	OBSERVATIONS.
	fr. c.	
NÉANT.		

CHAPITRE 51. — *Dépenses des exercices clos.*

NATURE DES DÉPENSES.	MONTANT DES DÉPENSES.	OBSERVATIONS.
	fr. c.	
NÉANT.		

CHAPITRE 52. — *Rappels de dépenses payables sur revues antérieures à 1914 et non frappées de déchéance.*

CHAPITRES.	ARTICLES.	DÉSIGNATION DES SERVICES.	PAYEMENTS EFFECTUÉS PENDANT L'ANNÉE 1914.				TOTAL par ARTICLES.	TOTAL par CHAPITRES.	OBSERVATIONS.
			1910.	1911.	1912.	1913.			
			fr. c.	fr. c.	fr. c.	fr. c.	fr. c.	fr. c.	
		ARTICLE UNIQUE.							
37	2	État-major particulier de l'infanterie coloniale	»	»	»	1,901 80	1,901 80	2,743 62	
	3	État-major particulier de l'artillerie coloniale	»	»	»	841 82	841 82		
38	Unique.	Service de l'intendance	»	»	»	1,012 22	1,012 22	1,012 22	
39	*Id.*	Service de santé	»	»	»	580 97	580 97	580 97	
40	*Id.*	Infanterie coloniale	»	»	1,276 60	640,980 72	642,257 32	642,257 32	
41	*Id.*	Artillerie coloniale	»	»	104 24	100,573 70	100,677 94	100,677 94	
		Totaux du chapitre 52	»	»	1,375 84	754,906 23	750,281 07	750,281 07	
			750,281f 07						

NOMBRE DE JOURNÉES

ET

EFFECTIF MOYEN EN HOMMES ET EN CHEVAUX

CHAPITRE Ier (art. 4). — Affaires indigènes et interprètes militaires.

DÉSIGNATION DES CORPS D'ARMÉE.	1° AFFAIRES INDIGÈNES: [illegible]	[illegible]	[illegible]	[illegible]	[illegible]	[illegible]	[illegible]	2° INTERPRÈTES MILITAIRES: [illegible]	de 1re classe	de 2e classe	de 3e classe	[illegible]	[illegible]	3° CHEVAUX: [illegible]
Intérieur (corps d'armée)	"	"	"	166	107	"	273	"	"	"	"	"	"	"
Algérie	"	"	"	"	3	"	3	15	"	14	"	"	29	"
Tunisie	"	"	"	"	"	"	"	"	"	"	"	"	"	"
Maroc oriental	300	903	1,121	4,286	9,084	266	10,706	"	1,187	840	1,236	2,381	5,044	25,000
Maroc occidental	"	1,091	1,591	16,856	25,911	946	46,389	"	2,383	2,162	1,575	4,671	10,781	70,009
TOTAUX	300	1,909	2,712	21,302	35,705	1,212	63,231	15	3,570	3,006	2,811	7,052	16,445	103,909
A DÉDUIRE : Rappels de solde	"	"	30	98	325	60	513	"	"	"	30	116	146	
RESTE	300	1,994	2,682	21,205	35,380	1,152	62,718	15	3,570	3,006	2,781	6,936	16,308	
Effectif moyen	1	5	8	59	98	3	174	"	10	8	8	19	45	285

CHAPITRE Ier (art. 5). — Service géographique. — Personnel militaire.

GRADES.		EFFECTIF TOTAL [illegible]	EFFECTIF [illegible]
Infanterie	Chef de bataillon	[illegible]	"
	Capitaines	1,201	4
	Lieutenants	1,363	4
Artillerie	Capitaine	230	1
Officier d'administration du génie de 2e classe		349	1
TOTAUX		3,301	10
Chevaux		500	2

OBSERVATIONS.

CHAPITRE 1er. (Art. 6). — *Trésor et Postes.*

DÉSIGNATION DES CORPS D'ARMÉE.	PAYEURS PRINCIPAUX de 1re classe.	PAYEURS PRINCIPAUX de 2e classe.	PAYEURS PRINCIPAUX de 3e classe.	PAYEURS PARTICULIERS de 1re classe.	PAYEURS PARTICULIERS de 2e classe.	PAYEURS PARTICULIERS de 3e classe.	PAYEURS ADJOINTS de 1re classe.	PAYEURS ADJOINTS de 2e classe.	PAYEURS ADJOINTS de 3e classe.	COMMIS DE TRÉSORERIE de 1re classe.	COMMIS DE TRÉSORERIE de 2e classe.	COMMIS DE TRÉSORERIE de 3e classe.	TOTAUX.	CHEVAUX nombre.
Intérieur (corps d'armée)	»	»	»	»	30	»	61	19	»	»	»	»	110	»
Algérie	»	»	»	»	»	»	»	»	»	»	»	»	»	»
Tunisie	»	»	»	»	»	»	»	»	»	»	»	»	»	»
Maroc oriental	»	»	150	104	»	300	420	720	»	»	1,200	295	3,270	3,253
Maroc occidental	»	»	300	60	»	300	1,430	1,795	»	1,885	1,552	4,160	11,516	7,375
Totaux	»	»	450	164	30	600	1,020	2,533	»	1,885	2,752	4,181	14,809	10,628
A transporter à [illegible] de solde	»	»	»	41	»	»	»	30	»	»	»	»	71	
Reste	»	»	450	120	30	600	1,020	2,503	»	1,885	2,742	4,661	14,731	
Effectif moyen	»	»	1	1	»	2	5	7	»	5	8	12	41	20

DÉSIGNATION DES CORPS D'ARMÉE.	1° OFFICIERS.														2° TROUPES.							3° CHEVAUX.
	COLONELS.	LIEUTENANTS-COLONELS.	CHEFS D'ESCADRONS.	CAPITAINES.	LIEUTENANTS.	OFFICIERS D'ADMINISTRATION				CONTRÔLEURS D'ARMES				TOTAUX.	OUVRIERS D'ÉTAT		GARDIENS DE BATTERIE				TOTAUX.	CHEVAUX.
						principaux.	de 1re classe.	de 2e classe.	de 3e classe.	principaux.	de 1re classe.	de 2e classe.	de 3e classe.		de 1re classe.	de 2e classe.	principaux.	de 1re classe.	de 2e classe.	de 3e classe.		
Intérieur (corps d'armée)	»	8	»	64	51	»	30	»	»	»	»	1	»	153	»	»	»	»	»	»	»	»
Algérie	»	»	»	»	»	»	33	»	»	»	»	»	»	33	»	»	»	»	»	»	»	»
Tunisie	»	»	»	»	»	»	»	»	»	»	»	»	»	»	»	»	»	»	»	»	»	»
Maroc oriental	»	»	»	695	626	»	840	540	»	»	»	»	»	2,701	»	360	»	630	»	360	1,350	1,382
Maroc occidental	360	357	274	3,602	1,650	155	800	2,880	191	17	56	516	»	10,858	150	775	»	»	1,022	»	2,817	7,305
TOTAUX	360	365	274	4,361	2,327	155	1,709	3,420	191	17	56	516	»	13,751	150	1,135	»	630	1,022	360	4,197	8,787
A DÉDUIRE : Rappels de solde	»	»	»	35	30	»	»	30	»	»	»	»	»	95	»	»	»	»	»	»	»	»
RESTE	360	365	274	4,326	2,297	155	1,709	3,390	191	17	56	516	»	13,656	150	1,135	»	630	1,022	360	4,197	
Effectifs prévus	1	1	1	12	6	»	5	6	1	»	»	2	»	38	»	»	»	2	5	1	12	24
A DÉDUIRE : Officiers passés au chapitre 16. (Guerre. — Solde de l'armée.)	1	1	1	12	6	»	3	»		»	»	»	»	24	»	»	»	»	»	»	»	»
RESTE	»	»	»		»	»	2	6	1	»	»	2	»	14	»	4	»	2	5	1	12	24

CHAPITRE 2. (Art. 2.) — *État-major particulier du génie.*

DÉSIGNATION DES CORPS DE TROUPE.	1° OFFICIERS										2° TROUPE.							3° CHEVAUX.
	[illegible]	[illegible]	[illegible]	[illegible]	[illegible]	[illegible] principaux	[illegible] de [illegible] classe	de [illegible] classe	de [illegible] classe	TOTAUX.	de 1re classe	de 2e classe	de 1re classe	de 2e classe	de 3e classe	[illegible] stagiaires.	TOTAUX.	TOTAUX.
Intérieur (corps d'armée)	»	»	»	»	»	37	»	»	»	37	»	»	»	4	»	»	4	»
Algérie	»	»	»	»	»	»	»	»	»	»	»	»	»	30	»	»	30	»
Tunisie	»	»	»	»	»	»	»	»	»	»	»	»	»	»	»	»	»	»
Maroc oriental	»	»	685	2,005	822	35	450	2,250	»	6,080	»	267	322	807	211	»	1,607	4,560
Maroc occidental	»	780	1,276	3,024	214	641	2,593	2,505	»	11,101	»	»	420	1,035	61	»	1,506	5,095
TOTAUX	»	780	1,961	5,717	1,036	701	3,080	4,855	»	18,187	»	267	742	1,906	272	»	3,237	10,855
À déduire (Rappels de solde)	»	»	20	8	»	»	»	15	»	53	»	»	»	»	»	»	»	
Restes	»	780	1,951	5,709	1,036	761	3,080	4,830	»	18,134	»	267	742	1,066	262	»	3,237	
[illegible]	»	2	5	16	3	7	8	13	»	50	»	1	2	4	4	»	9	20
À déduire (Officiers passés au chapitre 16. (Génie. — Solde de l'état))	»	»	2	3	3	»	»	»	»	8	»	»	»	»	»	»	»	»
Restes	»	2	4	13	»	2	»	18	»	42	»	1	2	5	1	»	9	30

[illegible]

CHAPITRE 4. — Service de santé.

DÉSIGNATION DES CORPS D'ARMÉE	1° MÉDECINS ET PHARMACIENS									2° OFFICIERS D'ADMINISTRATION					TOTAUX GÉNÉRAUX	3° CHEVAUX
	Inspecteurs généraux	Inspecteurs	[illegible] de 1re classe	[illegible] de 2e classe	[illegible] de 1re classe	[illegible] de 2e classe	[illegible] de 1re classe	[illegible] de 2e classe	Total	[illegible]	de 1re classe	de 2e classe	de 3e classe	Total		[illegible]
Corps d'armée (Intérieur)	•	19	•	37	•	420	160	20	611	•	•	1	•	1	612	353
Algérie	•	•	•	•	•	30	18	•	48	•	•	2	15	17	65	•
Tunisie	•	•	•	•	•	•	•	•	•	•	•	•	•	•	•	•
Maroc oriental	•	•	295	105	1,390	4,634	4,119	615	11,252	•	900	2,016	120	3,036	14,288	6,712
Maroc occidental	•	698	543	1,790	7,130	19,130	9,701	2,984	42,055	•	1,980	5,640	1,214	9,889	51,904	42,510
Totaux	•	717	837	2,332	8,520	24,206	14,037	3,625	53,966	•	2,880	8,008	1,349	12,903	66,869	31,384
À déduire : Rappels de solde	•	30	•	7	9	250	289	49	524	•	7	30	•	37	561	
Restent	•	687	837	2,315	8,511	23,956	13,747	3,576	53,347	•	2,873	8,638	1,349	12,866	66,208	
Exercice [illegible]	•	8	2	5	24	87	38	10	148	•	6	24	6	36	184	143

[illegible]	1° SERVICE VÉTÉRINAIRE								2° SERVICE DES TRANSPORTS							TOTAUX	3° SERVICE DES REMONTES (TROUPE)																TOTAUX	TOTAUX
Corps d'armée (intérieur)	[illegible]	[illegible]	[illegible]	66	12	[illegible]	[illegible]	78	[illegible]	[illegible]	[illegible]	[illegible]	[illegible]	[illegible]	[illegible]	78	[illegible]	[illegible]	[illegible]	[illegible]	[illegible]	[illegible]	[illegible]	[illegible]	[illegible]	[illegible]	[illegible]	[illegible]	[illegible]	[illegible]	[illegible]	[illegible]	78	78
Algérie	[illegible]	[illegible]	[illegible]	[illegible]	[illegible]	[illegible]	[illegible]	[illegible]	[illegible]	[illegible]	[illegible]	[illegible]	[illegible]	[illegible]	[illegible]	[illegible]	[illegible]	[illegible]	[illegible]	[illegible]	[illegible]	[illegible]	[illegible]	[illegible]	[illegible]	[illegible]	[illegible]	[illegible]	[illegible]	[illegible]	[illegible]	[illegible]	[illegible]	[illegible]
Tunisie	[illegible]	[illegible]	[illegible]	[illegible]	[illegible]	[illegible]	[illegible]	[illegible]	[illegible]	[illegible]	[illegible]	[illegible]	[illegible]	[illegible]	[illegible]	[illegible]	[illegible]	[illegible]	[illegible]	[illegible]	[illegible]	[illegible]	[illegible]	[illegible]	[illegible]	[illegible]	[illegible]	[illegible]	[illegible]	[illegible]	[illegible]	[illegible]	[illegible]	[illegible]
Maroc oriental	[illegible]	[illegible]	[illegible]	270	303	702	[illegible]	1,274	[illegible]	[illegible]	[illegible]	[illegible]	[illegible]	[illegible]	[illegible]	1,274	[illegible]	[illegible]	[illegible]	[illegible]	[illegible]	[illegible]	[illegible]	[illegible]	[illegible]	[illegible]	[illegible]	[illegible]	[illegible]	[illegible]	[illegible]	[illegible]	1,274	1,274
Maroc occidental	[illegible]	[illegible]	[illegible]	690	1,300	6,031	3,032	9,088	[illegible]	[illegible]	[illegible]	[illegible]	[illegible]	[illegible]	[illegible]	[illegible]	[illegible]	[illegible]	[illegible]	[illegible]	[illegible]	[illegible]	[illegible]	[illegible]	[illegible]	[illegible]	[illegible]	[illegible]	[illegible]	[illegible]	[illegible]	[illegible]	[illegible]	[illegible]
Totaux	[illegible]	[illegible]	[illegible]	[illegible]	[illegible]	[illegible]	[illegible]	[illegible]	[illegible]	[illegible]	[illegible]	[illegible]	[illegible]	[illegible]	[illegible]	[illegible]	[illegible]	[illegible]	[illegible]	[illegible]	[illegible]	[illegible]	[illegible]	[illegible]	[illegible]	[illegible]	[illegible]	[illegible]	[illegible]	[illegible]	[illegible]	[illegible]	[illegible]	[illegible]

DÉSIGNATION DES CORPS DE TROUPE	1° OFFICIERS [illegible]	[illegible]	[illegible]	[illegible]	[illegible]	[illegible]	Total
MAROC ORIENTAL.							
1er régiment de zouaves, 4e bataillon	•	130	250	1,420	2,577	56	3,779
5e [illegible]	•	22	215	1,229	2,113	519	3,893
Total	•	208	505	2,650	4,690	575	8,577
A déduire : Rappels d'années [illegible]	•						
Reste	•	202	498	2,656	4,090	362	8,577
Excédent de [illegible]	•	[illegible]	[illegible]	7	14	1	28
2e régiment de tirailleurs, 1er bataillon	•	279	260	1,307	2,040	1,321	5,337
2e [illegible]	•	•	230	1,416	3,790	861	6,277
[illegible]	[illegible]	[illegible]	[illegible]	[illegible]	[illegible]	[illegible]	[illegible]

2° TROUPE [illegible]	[illegible]	[illegible]	[illegible]	[illegible]	[illegible]	[illegible]	[illegible]	[illegible]	[illegible]	[illegible]	[illegible]	[illegible]	[illegible]
352	11,573	1,301	5,050	151	25	7,970	1,034	20,468	26	216,088	264,702	6,760	
599	1,381	2,208	6,656	•	95	7,310	950	10,138	18	161,218	248,651	5,189	
951	2,754	2,517	12,518	150	120	15,388	1,005	30,907	45	397,306	473,155	12,949	
951	2,754	2,513	12,018	150	120	15,388	1,006	30,201	45	397,306	473,155		
•	8	7	30	1	•	42	•	768	•	1,080	9,903	44	
160	930	876	2,130	40	•	6,630	•	17,832	•	151,108	103,883	6,710	
486	1,270	1,007	12,121	208	120	9,316	253	27,028	208	221,803	176,774	11,301	
[illegible]	1,134	[illegible]	3,020	•	•	5,685	•	13,316	•	166,340	130,082	9,060	
686	[illegible]	1,046	3,087	•	•	9,025	525	19,105	•	[illegible]	[illegible]	[illegible]	
[illegible]	[illegible]	[illegible]	[illegible]	[illegible]	[illegible]	[illegible]	[illegible]	[illegible]	[illegible]	[illegible]	[illegible]	[illegible]	

Totaux

Nombre moyen

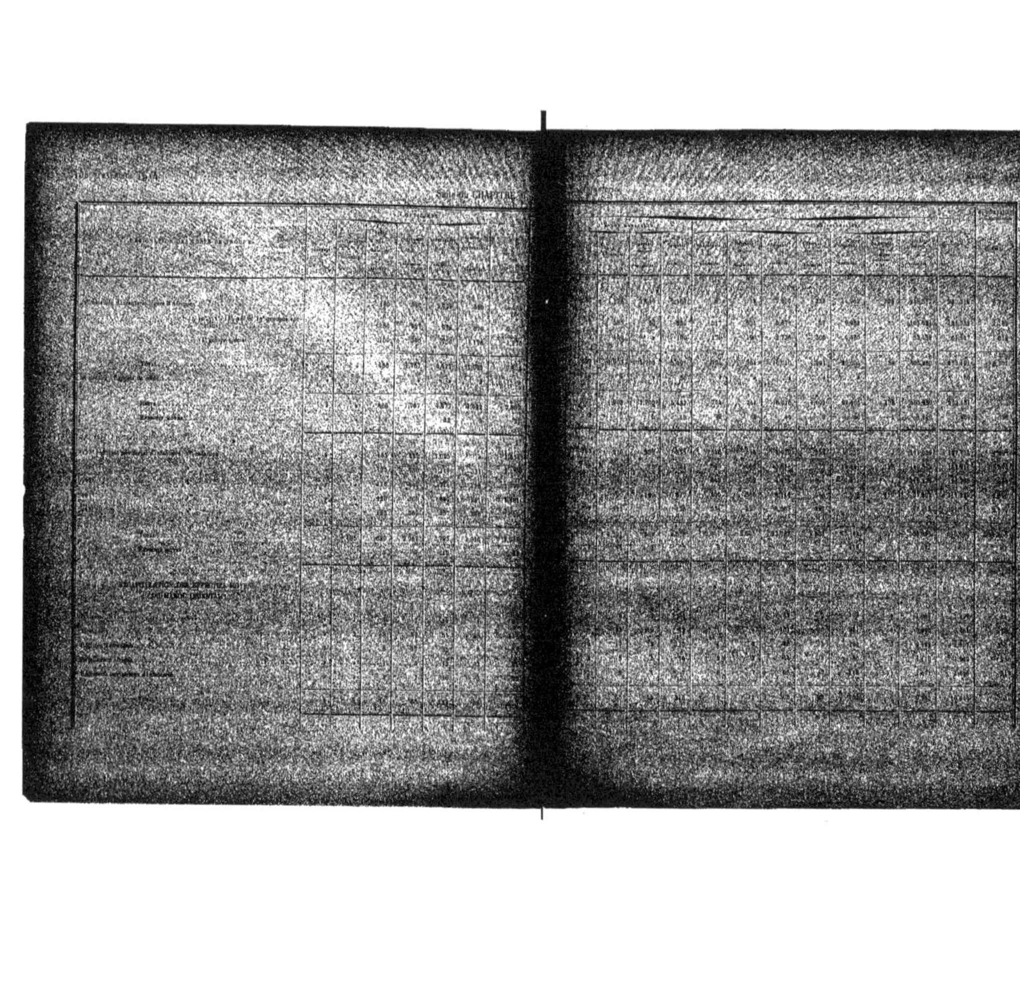

Désignation des corps de troupe.	1° Officiers : Colonels.	Lieutenants-colonels.	Chefs de bataillon et assimilés.	Capitaines et assimilés.	Lieutenants et assimilés.	Sous-lieutenants et assimilés.	Total.	2° Troupe : Sous-officiers rengagés : Adjudants-chefs.	Adjudants.	Sergents-majors et assimilés.	Sergents et assimilés.	Autres militaires : Adjudants et assimilés.	Sergents-majors et assimilés.	Sergents et assimilés.	Caporaux-fourriers et assimilés.	Caporaux et assimilés.	Artificiers de 1re classe ou maîtres ouvriers et assimilés.	Soldats et assimilés.	Total.	3° Chevaux.
MAROC OCCIDENTAL.																				
14e bataillon de chasseurs alpins	»	»	213	1,341	2,780	33	4,367	316	907	1,102	2,536	»	»	5,747	795	13,847	»	130,978	165,326	19,303
Effectif moyen	»	»	1	3	8	»	12	1	3	3	6	»	»	18	2	38	»	384	455	54
1er régiment de zouaves, 1er bataillon	»	76	142	1,100	3,208	570	5,096	»	1,705	858	2,430	»	»	6,097	830	14,033	175	151,727	178,555	»
1er — , 2e —	»	»	257	1,171	1,347	1,292	4,067	»	1,018	861	3,158	»	16	4,073	957	14,378	»	151,300	176,721	5,605
1er — , 3e —	»	»	196	970	1,038	775	2,979	183	1,363	691	1,551	38	218	6,686	743	14,345	»	146,218	172,530	19,901
3e — , 2e —	»	»	182	1,038	2,004	193	3,417	845	1,203	850	2,500	14	»	5,496	759	14,201	143	136,036	161,446	10,289
4e — , 1er —	»	56	238	1,101	2,411	500	4,306	»	1,288	907	3,511	3	124	5,334	964	15,506	293	158,908	186,125	4,530
4e — , 2e —	»	132	336	1,050	2,068	944	4,530	»	1,163	806	1,556	70	338	7,805	957	17,245	114	165,448	195,753	21,281
4e — , 1er détachement de marche	»	»	»	»	»	120	120	»	210	»	81	»	»	354	»	692	»	13,327	14,894	»
4e — , 2e —	»	»	»	»	»	75	75	»	80	»	90	»	»	78	»	71	»	11,235	11,504	»
3e — , 4e bataillon	»	»	237	984	2,034	602	3,857	208	1,351	1,094	6,104	76	»	5,431	957	17,017	847	174,964	208,049	18,529
Total	»	264	1,586	7,416	13,140	5,338	27,744	636	9,613	6,067	26,880	200	696	52,311	6,137	108,245	1,572	1,108,563	1,304,916	88,627
À déduire : Rappels de solde	»	»	»	20	107	»	127	»	15	»	»	»	»	95	»		»	»	116	
Reste	»	264	1,586	7,396	13,033	5,338	27,617	636	9,598	6,067	26,880	200	696	52,216	6,137	108,245	1,572	1,108,563	1,303,800	
Effectif moyen	»	1	4	21	36	15	77	2	20	17	58	1	2	116	17	296	4	3,057	3,576	243
1er régiment de tirailleurs, 3e bataillon	»	»	555	2,070	3,505	2,547	8,677	735	1,730	1,349	4,073	72	»	8,529	1,474	24,093	94	213,151	285,193	27,094
8e — , 1er —	»	30	230	961	2,106	881	4,208	251	850	890	1,382	69	»	5,344	603	12,054	2,891	144,531	169,065	16,342
3e — , 3e —	»	»	257	1,130	1,580	1,328	4,004	508	707	1,018	3,105	213	2	6,076	1,427	15,841	3,879	163,436	196,290	23,404
3e — , 4e —	»	»	76	355	834	169	1,534	»	479	304	623	»	»	2,092	»	3,050	876	43,890	51,820	6,370
4e — , 2e —	»	30	245	957	2,127	1,061	4,432	352	1,075	900	3,402	»	»	5,710	810	16,134	3,290	165,737	198,326	17,250
5e — , 1er —	»	180	338	1,254	1,805	985	4,643	»	1,106	847	2,757	»	»	5,687	585	13,770	»	135,098	159,829	17,050
4e — , 3e —	»	206	319	2,018	2,066	1,739	7,282	393	1,506	1,461	4,112	168	37	9,814	1,180	22,822	»	240,028	287,500	3,800
4e — , 5e —	»	60	220	683	1,000	252	2,215	»	520	502	687	»	51	4,163	387	6,961	6	70,473	82,852	8,755
5e — , 1er —	60	270	357	1,589	1,514	1,751	5,541	300	1,053	806	3,205	»	»	5,307	872	14,925	»	142,827	169,293	14,312
5e — , 3e —	»	»	533	1,711	3,414	1,956	6,814	387	1,613	1,280	3,734	14	15	9,411	1,307	31,507	»	256,562	296,130	25,968
7e — , 1er —	175	266	277	1,401	2,154	1,280	5,553	646	870	871	2,298	»	60	7,573	515	16,733	27	100,926	199,418	19,084
7e — , 2e —	»	»	160	705	1,680	519	3,075	102	625	409	926	»		3,549	202	6,933	»	77,806	90,902	10,864
7e — , 4e —	»	»	80	332	891	413	1,725	80	356	356	1,023	»	»	2,612	287	5,361	»	58,381	68,365	8,315
À reporter	235	1,036	3,567	15,106	26,335	13,121	60,401	3,830	12,619	11,949	31,607	566	145	76,269	9,758	181,810	11,072	1,927,608	3,206,414	193,651

[illegible]	Adjudants	[illegible]	[illegible]	[illegible]	[illegible]	[illegible]	[illegible]	[illegible]	[illegible]	[illegible]	[illegible]	[illegible]
[illegible]	12,660	17,050	31,067	366	145	76,280	6,758	181,810	11,672	1,027,858	2,248,414	193,881
882	1,180	980	3,089	9	»	3,983	686	15,757	»	139,965	180,408	18,036
756	720	720	2,296	10	»	4,512	»	10,050	1,555	128,407	159,682	10,070
[illegible]	3,348	860	3,032	56	»	5,014	813	14,081	103	136,317	163,268	15,781
[illegible]	1,168	914	3,030	»	»	6,506	904	16,224	140	185,144	190,860	15,880
[illegible]	[illegible]	[illegible]	[illegible]	[illegible]	[illegible]	[illegible]	[illegible]	[illegible]	[illegible]	[illegible]	[illegible]	[illegible]

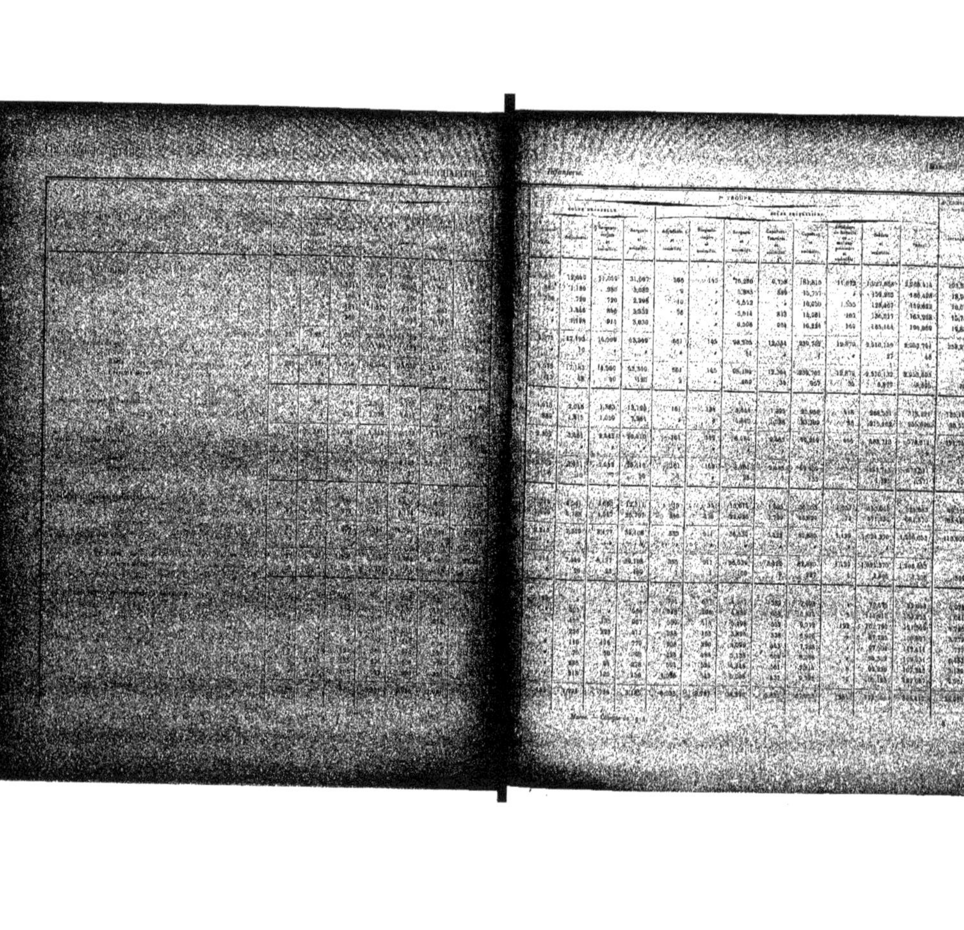

RÉCAPITULATION DES EFFECTIFS

RÉCAPITULATION GÉNÉRALE

[illegible]

Désignation des corps de troupe	1° Officiers : Colonels	Lieutenants-colonels	Chefs d'escadrons et majors	Capitaines et assimilés	Lieutenants et assimilés	Sous-lieutenants et assimilés	Totaux
Maroc oriental.							
1er régiment de chasseurs d'Afrique, 1er escadron	»	»	217	437	1,129	90	1,903
1er — , 2e —	»	50	52	370	1,315	»	1,806
1er — , 3e —	»	83	78	414	1,055	»	1,630
1er — , 4e —	»	88	90	507	807	11	1,503
1er — , 5e —	»	»	71	236	188	132	597
1er — , peloton hors rang	»	»	98	246	»	»	344
Totaux	»	221	600	2,319	4,556	233	7,933
A déduire : Rappels de solde	»	»	»	»	»	»	»
Reste	»	221	600	2,319	4,556	233	7,933
Effectif moyen	»	1	2	6	12	1	22
1er régiment de spahis, 5e escadron	»	»	»	222	422	471	1,115
1er — , 1er —	»	»	»	360	2,032	375	2,767
1er — , 2e —	151	210	270	830	2,183	447	4,097
1er — , 3e —	»	»	»	99	258	78	435
1er — , 4e —	»	»	120	162	387	330	1,099
1er — , 5e —	»	»	52	655	1,544	381	2,632
1er — , 6e —	»	»	»	130	200	3	356
1er — , 7e —	»	»	60	60	110	»	230
1er — , 8e —	»	»	»	100	100	50	250
5e — , 1er —	»	»	»	148	387	192	727
5e — , 2e —	»	»	150	150	580	60	940
Totaux	151	210	652	2,942	8,310	2,387	14,651
A déduire : Rappels de solde	»	»	»	»	»	»	»
Reste	151	210	652	2,942	8,310	2,387	14,651
Effectif moyen	1	1	2	8	23	6	41
Dépôt de remonte mobile (1)	»	»	»	90	540	»	(1) 630
Effectif moyen							

Désignation des corps de troupe	2° Troupe — Sous-officiers rengagés : Adjudants chefs	Adjudants	Maréchaux des logis chefs	Maréchaux des logis	Sous-officiers non rengagés : Adjudants	Maréchaux des logis chefs	Maréchaux des logis	Brigadiers fourriers	Brigadiers	Cavaliers	Totaux	3° Chevaux : Journées
1er régiment de chasseurs d'Afrique, 1er escadron	15	272	290	1,553	»	»	793	36	3,321	33,406	40,536	37,566
1er — , 2e —	30	497	307	1,527	»	»	753	»	3,100	50,150	52,333	49,004
1er — , 3e —	»	415	455	717	»	»	1,097	110	2,823	38,015	43,562	46,807
1er — , 4e —	»	582	418	1,093	»	»	835	»	2,875	32,637	38,510	41,637
1er — , 5e —	120	504	193	1,102	3	83	1,370	»	3,760	41,953	49,178	34,502
1er — , peloton hors rang	149	412	412	111	»	»	84	»	475	1,289	2,976	1,132
Totaux	314	2,772	1,735	6,323	3	83	4,933	146	16,704	224,512	257,125	226,142
A déduire : Rappels de solde	»	»	»	»	»	»	»	»	»	»	»	
Reste	314	2,772	1,735	6,323	3	83	4,933	146	16,704	224,512	257,125	
Effectif moyen	1	7	5	17	»	»	12	1	46	615	704	619
1er régiment de spahis, 5e escadron	»	»	43	1,706	175	»	483	»	3,513	26,909	32,869	36,417
1er — , 1er —	60	530	300	2,105	»	»	2,159	»	7,186	74,232	86,622	83,007
1er — , 2e —	385	468	560	2,235	»	»	1,043	4	8,992	78,543	92,230	102,256
1er — , 3e —	»	90	90	327	»	»	706	»	1,565	14,106	16,932	17,408
1er — , 4e —	96	340	240	604	»	»	1,229	48	2,763	25,025	30,211	32,701
1er — , 5e —	17	250	729	1,258	177	1	2,505	»	7,061	75,706	88,313	94,138
1er — , 6e —	»	90	90	236	»	»	682	»	1,122	13,303	15,613	15,730
1er — , 7e —	30	150	60	»	»	»	377	»	742	7,688	9,047	11,075
1er — , 8e —	»	»	»	85	»	51	576	»	618	8,463	9,693	10,200
5e — , 1er —	»	148	150	229	»	»	1,160	»	2,638	18,621	22,953	26,831
5e — , 2e —	»	298	72	666	»	97	725	»	2,465	17,750	21,973	23,971
Totaux	588	2,282	2,503	9,447	352	149	12,444	52	37,253	361,456	426,526	451,007
A déduire : Rappels de solde	»	»	»	»	»	»	»	»	»	»	»	
Reste	588	2,282	2,503	9,447	352	149	12,444	52	37,253	361,456	426,526	
Effectif moyen	1	6	7	26	1	1	34	1	102	998	1,169	1,235
Dépôt de remonte mobile (1)	»	»	»	510	»	»	363	»	1,256	19,831	(1) 22,260	(1) 95,002
Effectif moyen												

(1) Reporté au chapitre 5, article unique. — Vétérinaires militaires et dépôts de remonte mobile (compte spécial de l'occupation militaire du Maroc).

Suite du CHAPITRE 7. *Cavalerie.*

DÉSIGNATION DES CORPS DE TROUPE.	1° OFFICIERS. [illegible]	[illegible]	[illegible] d'escadrons et [illegible]	[illegible] et [illegible]	[illegible] et [illegible]	[illegible]	TOTAUX.	2° TROUPE. [illegible] Adjudants-chefs.	Adjudants.	Maréchaux des logis chefs.	Maréchaux des logis.	[illegible] Adjudants.	Maréchaux des logis chefs.	Maréchaux des logis.	Brigadiers fourriers.	Brigadiers.	Cavaliers.	Totaux.	3° CHEVAUX. [illegible]
MAROC OCCIDENTAL.																			
1er régiment de chasseurs d'Afrique, 1er escadron	″	″	1	370	1,558	557	2,192	″	514	387	1,751	″	″	1,322	228	5,415	52,936	61,653	60,002
1er — 2e —	″	″	90	357	1,501	435	2,373	″	238	304	2,570	92	″	1,978	1,062	5,581	55,401	67,223	63,888
1er — 3e —	″	″	″	279	1,131	″	1,390	″	212	220	1,104	″	″	709	″	2,005	31,482	35,731	38,307
1er — 4e — et dépôt de cavalerie	″	133	252	427	2,119	534	3,465	32	380	280	1,823	″	″	2,855	77	8,119	55,765	68,280	53,372
1er — 5e — et peloton hors rang	″	″	600	2,511	2,050	617	5,786	692	720	705	3,852	1,830	″	3,917	750	8,393	100,216	121,170	51,808
Totaux	″	133	1,009	3,833	8,458	2,073	15,506	724	2,080	2,070	11,000	1,922	″	10,881	2,113	28,513	295,730	354,062	276,187
À déduire : Rappels de solde	″	″	″	″	″	″	″	″	″	″	″	″	″	″	″	″	″	″	
Reste	″	133	1,009	3,833	8,458	2,073	15,506	724	2,080	2,070	11,000	1,922	″	10,881	2,113	28,513	295,730	354,062	
Effectif moyen	″	1	3	11	23	5	43	2	6	8	30	5	″	30	6	78	807	970	750
1er régiment de spahis, 1er escadron	″	″	60	383	718	935	2,196	″	530	360	1,936	52	″	1,872	247	5,259	49,105	58,360	63,982
1er — 3e —	″	″	250	315	1,030	442	2,026	″	600	360	1,651	″	″	1,272	181	5,640	48,378	58,072	66,979
1er — 4e —	″	″	60	347	976	829	2,212	″	63	180	1,121	″	184	1,685	″	5,589	51,147	60,269	64,777
3e — 1er —	″	″	120	402	929	170	1,720	″	300	385	1,732	″	″	1,550	110	5,507	48,587	57,321	72,445
3e — 4e —	″	″	″	283	1,232	215	1,730	″	300	360	1,700	″	″	1,239	″	4,388	40,007	48,085	63,973
3e — 5e —	″	″	150	209	1,242	485	2,086	″	267	360	1,760	″	″	1,298	″	4,753	51,831	60,275	63,853
4e — 1er —	″	″	225	390	1,330	360	2,284	″	360	330	2,810	″	″	649	159	5,310	42,912	52,530	60,005
4e — 2e —	″	″	″	412	906	510	1,828	″	287	360	2,811	″	″	501	129	4,758	44,943	53,720	59,730
4e — 4e —	″	″	″	537	873	855	2,265	″	360	375	2,370	″	″	606	″	4,908	41,840	50,358	67,305
Totaux	″	″	865	3,527	9,255	4,710	18,357	″	3,066	3,070	17,293	52	184	10,572	826	45,262	418,880	499,206	590,329
À déduire : Rappels de solde	″	″	″	184	323	″	507	″	″	″	29	″	″	″	″	24	163	216	
Reste	″	″	865	3,343	8,932	4,710	17,850	″	3,066	3,070	17,264	52	184	10,572	826	45,238	418,720	498,988	
Effectif moyen	″	″	2	9	25	13	49	″	8	8	47	1	1	29	2	124	1,147	1,367	1,017
Dépôt de remonte mobile (1)	″	″	″	360	580	″	940	″	224	360	1,585	″	12	819	102	2,800	30,235	45,317	(1) 302,338
À déduire : Rappels de solde	″	″	″	″	″	″	″	″	″	″	″	″	″	″	″	″	″	″	
Reste	″	″	″	360	580	″	(1) 940	″	224	360	1,585	″	12	819	102	2,800	30,235	(1) 45,317	
Effectif moyen																			
RÉCAPITULATION DE L'EFFECTIF MOYEN DU MAROC.																			
MAROC ORIENTAL.																			
Chasseurs d'Afrique	″	1	2	6	12	1	22	1	7	5	17	″	″	12	1	46	615	704	619
Spahis	1	1	2	8	23	6	41	1	6	7	26	1	1	34	1	102	998	1,169	1,235
Dépôt de remonte	″	″	″	″	″	″	″	″	″	″	″	″	″	″	″	″	″	″	″
MAROC OCCIDENTAL.																			
Chasseurs d'Afrique	″	1	3	11	23	5	43	2	6	8	30	5	″	30	6	78	807	970	750
Spahis	″	″	2	9	25	13	49	″	8	8	47	1	1	29	2	124	1,147	1,367	1,017
Dépôts de remonte	″	″	″	″	″	″	″	″	″	″	″	″	″	″	″	″	″	″	″
Totaux généraux	1	3	6	34	83	25	155	4	27	26	120	7	2	105	10	350	3,559	4,910	4,927

(1) Reporté au chapitre 5, article unique. — Vétérinaires militaires et dépôts de remonte mobile (compte spécial de l'occupation militaire du Maroc).

CHAPITRE 7. — *Cavalerie (formations auxiliaires indigènes mixtes, goums mixtes marocains).*

DÉSIGNATION DES GOUMS	[illegible]				TROUPE										CHEVAUX
					[illegible]										
					Sergents ou maréchaux des logis			Caporaux ou brigadiers			Soldats			Totaux	
	Adjudants-chefs	Adjudants	Sergents-majors	Sergents	Français	Indigènes	Marocains	Français	Indigènes	Marocains	Français	Indigènes	Marocains		
1er goum mixte marocain	»	221	418	816	16	706	216	865	3,017	1,702	108	»	62,304	71,217	18,219
2e —	»	340	292	550	457	808	128	713	608	1,306	331	2,592	62,593	76,770	16,281
3e —	»	318	270	766	92	1,095	»	996	866	860	678	2,882	62,512	71,235	17,125
4e —	»	360	298	389	92	1,018	»	963	502	1,780	913	3,341	62,212	71,758	17,091
5e —	»	360	»	1,035	»	643	996	1,007	287	825	725	3,065	59,900	68,850	15,472
6e —	»	45	270	905	135	756	33	751	707	1,529	569	2,332	62,765	70,478	16,878
7e —	»	309	»	900	251	600	92	615	764	1,285	»	3,172	59,655	69,012	15,427
8e —	»	360	»	830	287	533	365	809	705	1,187	602	2,661	57,938	65,937	13,810
9e —	»	265	360	892	186	933	»	761	1,262	720	591	3,785	50,912	60,600	16,891
10e —	»	300	330	1 017	287	894	182	540	802	505	297	3,072	61,916	70,102	17,237
11e —	»	»	617	750	»	532	315	811	453	1,486	304	2,366	61,556	69,220	16,915
12e —	»	300	»	850	»	675	»	763	437	1,136	524	2,750	55,316	62,821	15,132
13e —	»	»	»	1,211	341	»	»	»	»	305	156	2,512	54,095	59,293	12,585
14e —	»	290	»	814	639	804	»	911	1,630	92	278	2,924	62,553	70,765	18,035
15e —	»	135	90	60	»	190	»	122	255	»	»	»	16,290	17,006	6,387
16e —	»	165	»	270	»	102	»	»	305	»	»	591	8,681	10,651	5,277
TOTAUX	»	3,842	2,955	11,407	2,777	10,339	2,558	11,057	13,440	14,527	5,750	38,895	800,806	978,252	236,760
À DÉDUIRE : Rappels de solde	»	»	»	»	»	»	»	»	»	»	»	»	»	»	»
RESTE	»	3,842	2,955	11,407	2,777	10,339	2,558	11,057	13,440	14,527	5,750	38,895	800,806	978,252	
EFFECTIF MOYEN	»	10	8	32	8	28	7	30	36	40	16	106	2,309	2,680	649

CHAPITRE 7. *Cavalerie.* — *Formations auxiliaires indigènes mixtes (Goums et Maghzens).*

DÉSIGNATION DES GOUMS ET MAGHZENS	HOMMES				CHEVAUX
	Jours de groupe	Montés	Non montés	Totaux	Journées
MAROC ORIENTAL.					
GOUMS.					
Goum des Beni-Guil	246	5,904	"	6,150	6,150
2e goum marocain	58	1,392	"	1,450	1,450
3e —	34	3,300	"	3,400	3,400
7e —	608	14,451	"	15,059	15,059
3e goum algérien du Maroc oriental	308	11,392	"	11,700	11,358
4e —	1,014	23,973	"	24,987	24,447
5e —	965	23,175	"	24,140	23,586
Totaux	3,303	83,593	"	86,896	86,650
Effectif moyen	9	229	"	238	237
MAGHZENS.					
Maghzen de Taforalt	365	14,235	"	14,600	14,600
— Berkane	365	17,885	"	18,250	18,250
— Berguent	365	8,760	"	9,125	9,125
— El-Aïoun	365	8,760	"	9,125	9,125
— Cercle d'Oudjda	365	8,760	"	9,125	9,125
— Bou-Denib	1,095	37,230	5,475	43,800	38,325
— Beni-Guil	3,600	51,381	56,575	111,556	54,016
— Bou-Anan	730	28,470	"	29,200	29,200
— Camp Berteaux	730	22,995	"	23,725	23,725
— Guercif	730	28,470	"	29,200	29,200
— Msoun	315	15,435	"	15,750	15,750
— Taourirt	365	21,535	"	21,900	21,900
— Debdou	1,095	28,470	17,885	47,450	29,565
— Taza	200	9,800	"	10,000	10,000
Totaux	10,685	302,186	79,935	392,806	312,506
Effectif moyen	29	828	219	1,076	856
MAROC OCCIDENTAL.					
GOUMS.					
Goum de la région de Meknès	365	2,650	"	3,015	3,015
Effectif moyen	1	7	"	8	8

DÉSIGNATION DES GOUMS ET MAGHZENS	HOMMES				CHEVAUX
	Jours de groupe	Montés	Non montés	Totaux	Journées
MAGHZENS.					
Maghzen d'Arbaoua	273	5,560	"	5,733	5,135
Maghzen de Mechra-bel-Ksiri	365	4,211	"	4,576	4,015
— Dar-bel-Hamri	"	3,605	"	3,605	3,237
— Tedders-Mouela	92	3,100	"	3,192	2,732
— Nkeila-Mechrad	365	10,585	"	10,950	9,570
Bureau de l'Ouerrha	365	9,265	"	9,630	9,630
Bureau des renseignements des Hafid-Chaouïa-Maguebar	365	10,306	"	10,671	10,671
Maghzen du cercle de Meknès	82	410	"	492	492
Bureau des renseignements de Fès-Région	365	1,825	"	2,190	2,190
Fès-Banlieue	365	9,210	"	9,575	9,575
Région de Marrakech	365	9,680	"	10,045	10,045
Maghzen de Marrakech-Ville	365	4,756	"	5,121	5,121
— Marrakech-Banlieue	365	10,359	"	10,724	10,724
Bureau régional de Rabat	771	5,000	"	5,771	5,004
Maghzen de Rabat-Salé-Banlieue	730	8,721	"	9,451	8,255
Poste de Sefrou	730	15,095	"	10,425	10,425
Cercle des Abda à Safi	365	9,075	"	9,440	8,020
Poste d'El-Hadjeb	365	7,835	"	8,200	8,200
Maghzen du Bureau des renseignements de Kasba Tadla	334	4,231	"	4,565	4,145
Guich des Aït-Roboa	1,095	65,755	"	66,850	"
Maghzen du poste de Souk-el-Arba du Tissa	365	10,585	"	10,950	10,950
— Cercle des Rehamna-Srarhna	365	9,480	"	9,845	9,845
Maghzen de Tiflet	174	6,851	"	7,025	6,258
— Souk-el-Had-Kourt	"	372	"	372	405
— poste d'Agadir	365	8,760	"	9,125	9,125
Groupe des partisans de la colonne Cros	"	3,000	"	3,000	"
Maghzen d'El-Boroudj	214	2,568	"	2,782	2,782
— Oulmès	365	9,960	"	10,325	9,405
— Agouraï	161	3,349	"	3,510	2,750
Groupe franc d'Agouraï	57	2,649	"	2,706	"
Maghzen du Cercle des Beni-Mguild	470	10,888	"	11,358	11,358
— poste d'Ifrou	275	4,515	"	4,790	4,790
poste de l'Oued Aouli	224	6,496	"	6,720	6,720
Service des Renseignements de Meknès-Banlieue	204	"	"	204	204
Groupe des partisans de la région de Fès	139	6,811	"	6,950	"
Partisans permanents attachés au cercle d'Oulmès	"	2,025	"	2,025	"
Totaux	11,509	288,376	-	299,885	208,070
Effectif moyen	31	790	"	821	570

RÉCAPITULATION

DE L'EFFECTIF MOYEN DES GOUMS ET MAGHZENS.

		Jours de groupe	Montés	Non montés	Totaux	Chevaux
Maroc oriental	Goums	9	229	"	238	237
	Maghzens	29	828	219	1,076	856
Maroc occidental	Goums	1	7	"	8	8
	Maghzens	31	790	"	821	570
Totaux généraux		70	1,854	219	2,163	1,671

CHAPITRE 8. — Artillerie.

DÉSIGNATION DES CORPS DE TROUPE.	1° OFFICIERS.							2° TROUPE.													3° CHEVAUX.
								SOLDE MENSUELLE.				SOLDE JOURNALIÈRE.									
	Colonels.	Lieutenants-colonels.	Chefs d'escadrons et assimilés.	Capitaines et assimilés.	Lieutenants et assimilés.	Sous-lieutenants et assimilés.	Totaux.	Adjudants-chefs.	Adjudants.	Maréchaux des logis chefs.	Maréchaux des logis.	Adjudants-chefs.	Adjudants.	Maréchaux des logis chefs.	Maréchaux des logis.	Brigadiers fourriers.	Brigadiers.	Canonniers et soldats.	Totaux.		Journées.
MAROC ORIENTAL.																					
8e groupe d'artillerie de campagne d'Afrique, peloton hors rang	»	»	57	220	419	210	906	30	205	165	1,728	»	»	»	635	»	2,195	35,567	40,785		11,456
8e — , 1re batterie	»	»	»	341	607	120	1,068	»	307	307	1,319	»	»	»	1,545	»	2,119	34,131	37,728		38,265
8e — , 2e —	»	»	»	222	787	90	1,099	51	177	253	1,992	»	»	132	373	»	1,635	26,159	30,253		30,380
8e — , 3e —	»	»	»	356	693	120	1,169	»	250	320	1,909	»	»	»	4,029	»	3,107	36,567	37,372		12,586
8e — , 3e section, 3e batterie	»	»	»	»	360	»	360	»	31	»	1,169	»	»	»	687	»	1,601	28,717	32,295		33,301
8e — , 4e batterie	»	»	193	527	532	134	1,386	330	340	427	2,230	»	»		2,075	5	2,705	61,630	69,153		37,885
Totaux	»	»	250	1,666	3,398	678	5,988	411	1,376	1,762	9,147	»	»	132	7,293	5	13,562	233,077	267,586		168,902
Effectif moyen	»	»	1	5	9	2	17	1	4	5	25	»	»	»	20	»	37	641	733		465
MAROC OCCIDENTAL.																					
4e groupe d'artillerie de campagne d'Afrique	»	»	253	1,865	5,236	1,363	8,707	408	1,367	2,061	10,237	»	»	»	13,617	306	18,578	227,550	275,108		152,720
6e groupe à pied	»	»	»	»	330	»	330	»	270	366	2,464	»	»	»	1,160	»	2,170	28,845	35,386		184
9e groupe d'artillerie de campagne d'Afrique	»	»	548	1,587	3,265	1,303	6,693	160	1,552	1,706	5,931	»	»	117	6,253	61	16,094	152,234	177,114		160,647
10e —	»	»	73	726	2,007	417	3,253	74	1,016	706	2,103	»	5	184	3,834	10	6,977	97,860	113,049		105,785
6e — , 1re batterie	»	»	»	44	88	»	132	»	56	11	176	»	»	»	351	»	430	4,886	5,836		5,019
Totaux	»	»	864	4,122	10,916	3,113	19,015	648	4,249	5,057	20,207	»	5	301	25,255	461	38,258	511,155	600,486		424,932
À déduire : Rappels de solde	»	»	»	»	»	»	»	»	»	»	»	»	»	»	»	»	»	»	»		
Reste	»	»	864	4,122	10,916	3,113	19,015	648	4,249	5,057	20,207	»	5	301	25,255	461	38,258	511,155	600,486		
Effectif moyen	»	»	2	11	30	9	52	2	12	16	56	»	»	1	60	1	105	1,400	1,662		1,164
RÉCAPITULATION DE L'EFFECTIF MOYEN DU MAROC.																					
Maroc oriental	»	»	1	5	9	2	17	1	4	5	25	»	»	»	20	»	37	641	733		465
Maroc occidental	»	»	2	11	30	9	52	2	12	16	56	»	»	1	60	1	105	1,400	1,662		1,164
Totaux généraux	»	»	3	16	39	11	69	3	16	21	81	»	»	1	80	1	142	2,041	2,395		1,627

DÉSIGNATION DES CORPS DE TROUPE.	1° OFFICIERS.						
	Colonels.	Lieutenants-colonels.	Chefs de bataillon et assimilés.	Capitaines et assimilés.	Lieutenants et assimilés.	Sous-lieutenants et assimilés.	Total.
MAROC ORIENTAL.							
2e régiment du génie, compagnie 26/3	»	»	»	510	1,120	704	2,336
2e —, compagnie 26/0	»	»	»	335	385	»	620
Total	»	»	»	051	1,511	794	2,956
Effectif moyen	»	»	»	2	4	2	8
MAROC OCCIDENTAL.							
2e régiment du génie, compagnie 19/1	»	»	»	235	460	»	695
2e —, compagnie 26/2	»	»	»	308	545	275	1,128
2e —, compagnie 26/4	»	»	»	285	525	450	1,260
5e —, compagnie 21/3	»	»	347	583	700	360	1,990
6e —, compagnie 22/3	»	»	»	805	352	300	1,457
7e —, compagnie 19/3	»	»	»	237	658	210	1,105
8e —, compagnie télégraphique	»	204	»	358	993	356	1,911
8e —, compagnie radiotélégraphique	»	»	218	542	480	90	1,330
Total	»	204	565	3,363	4,713	2,031	10,870
Effectif moyen	»	1	2	9	13	5	30
RÉCAPITULATION DES EFFECTIFS MOYENS.							
Maroc oriental	»	»	»	2	4	2	8
Maroc occidental	»	1	2	9	13	5	30
Total	»	1	2	11	17	7	38

DÉSIGNATION DES CORPS DE TROUPE.	2° TROUPE.											3° CHEVAUX.
	[illegible]				[illegible]							
	Adjudants-chefs.	Adjudants et assimilés.	Sergents-majors et assimilés.	Sergents et assimilés.	Adjudants et assimilés.	Sergents-majors et assimilés.	Sergents et assimilés.	Caporaux fourriers et assimilés.	Caporaux et assimilés.	Soldats et assimilés.	Total.	[illegible]
MAROC ORIENTAL.												
2e régiment du génie, compagnie 26/3	»	1,567	301	5,728	»	74	5,545	13	7,446	85,630	106,313	24,928
2e —, compagnie 26/0	»	244	159	480	»	82	1,122	»	3,546	32,203	37,836	9,203
Total	»	1,811	460	6,208	»	156	6,667	13	10,992	117,842	144,149	34,131
Effectif moyen	»	5	1	17	»	»	18	»	30	323	394	95
MAROC OCCIDENTAL.												
2e régiment du génie, compagnie 19/1	»	285	235	613	»	10	1,293	4	2,157	25,203	29,750	6,966
2e —, compagnie 26/2	»	720	322	1,342	6	18	1,181	»	3,230	28,409	35,137	7,053
2e —, compagnie 26/4	»	370	350	963	106	»	2,244	»	4,698	44,883	53,614	9,368
5e —, compagnie 21/3	»	480	342	986	107	»	2,720	86	4,250	62,287	71,276	11,820
6e —, compagnie 22/3	»	288	298	1,075	»	»	1,685	87	3,061	46,774	53,167	4,265
7e —, compagnie 19/3	»	466	226	882	»	»	1,090	9	3,513	32,704	38,558	8,145
8e —, compagnie télégraphique	»	774	355	1,483	50	»	3,456	132	6,115	66,756	79,120	53,978
8e —, compagnie radiotélégraphique	»	603	300	355	»	»	1,141	»	2,230	23,578	28,307	»
Total	»	3,935	2,418	7,098	209	28	15,425	321	29,271	330,554	380,919	102,131
Effectif moyen	»	11	7	21	1	»	42	1	80	906	1,069	281
RÉCAPITULATION DES EFFECTIFS MOYENS.												
Maroc oriental	»	5	1	17	»	»	18	»	30	323	394	95
Maroc occidental	»	11	7	21	1	»	42	1	80	906	1,069	281
Total	»	16	8	38	1	»	60	1	110	1,229	1,463	375

CHAPITRE 10. — Aéronautique.

Désignation des corps de troupe.	1° Officiers. Colonels.	Lieutenants-colonels.	Chefs de bataillon et assimilés.	Capitaines et assimilés.	Lieutenants et assimilés.	Sous-lieutenants et assimilés.	Totaux.
Section d'aviation du Maroc oriental	"	"	"	213	734	"	947
Section d'aviation du Maroc occidental	"	"	"	131	819	"	950
Total	"	"	"	344	1,553	"	1,897
À déduire : Rappels de solde	"	"	"	"	22	"	22
Reste	"	"	"	344	1,531	"	1,875
Effectif moyen	"	"	"	1	4	"	5

Désignation des corps de troupe.	2° Troupe. [illegible] Adjudants-chefs.	Adjudants et assimilés.	Sergents-majors et assimilés.	Sergents et assimilés.	[illegible] Adjudants et assimilés.	Sergents-majors et assimilés.	Sergents et assimilés.	Caporaux-fourriers et assimilés.	Caporaux et assimilés.	Soldats et assimilés.	Totaux.	3° Chevaux. Totaux.
Section d'aviation du Maroc oriental		"	215	258	"	"	260	"	667	7,278	8,657	558
Section d'aviation du Maroc occidental	"	330	211	288	"	"	619	"	1,516	17,550	20,214	982
Total		330	426	546	"	"	879	"	2,183	24,828	28,871	1,540
À déduire : Rappels de solde	"	"	"	"	"	"	"	"	"	"	"	
Reste		330	426	546	"	"	879	"	2,183	24,828	28,871	
Effectif moyen	"	1	1	2	"	"	2	"	6	68	80	4

DÉSIGNATION DES CORPS DE TROUPE	1° OFFICIERS. [illegible]	[illegible]	[illegible] et assimilés.	[illegible] et assimilés.	[illegible] et assimilés.	[illegible]
MAROC ORIENTAL.						
Compagnie de marche et convoi n°s 1 et 2	»	»	801	2,396	266	3,257
MAROC OCCIDENTAL.						
8e escadron, 11e compagnie	»	»	360	1,703	792	2,685
9e escadron, 18e compagnie	»	»	360	1,314	715	2,389
12e escadron, 12e compagnie	136	389	719	1,848	353	3,857
10e escadron, 11e compagnie	80	236	1,828	2,052	1,800	5,776
13e escadron, 13e compagnie	»	»	360	1,330	950	2,6[illegible]
Totaux	198	625	4,028	10,837	5,286	20,9[illegible]
A déduire : Rappels de solde	»	»	»	»	»	»
Reste	198	625	4,028	10,837	5,286	20,034
Excédent noté	»	2	11	30	15	58

DÉSIGNATION DES CORPS DE TROUPE	2° TROUPE. Solde mensuelle. Adjudants-chefs.	Adjudants et assimilés.	Maréchaux des logis chefs et assimilés.	Maréchaux des logis et assimilés.	Solde journalière. Adjudants-chefs.	Adjudants.	Maréchaux des logis chefs.	Maréchaux des logis.	Brigadiers fourriers.	Brigadiers.	Soldats.	Total.	3° CHEVAUX. [illegible]
MAROC ORIENTAL.													
Compagnie de marche et convoi n°s 1 et 2	488	1,010	845	6,542	»	443	96	10,431	1,287	32,098	380,925	430,216	619,438
MAROC OCCIDENTAL.													
8e escadron, 11e compagnie	»	797	366	8,688	»	90	»	4,469	440	11,030	353,383	379,057	509,012
9e escadron, 18e compagnie	83	518	371	5,597	»	»	»	6,057	289	20,834	309,400	343,820	475,270
12e escadron, 12e compagnie	[illegible]	1,892	496	5,990	»	3	»	7,309	160	21,766	311,690	349,110	458,445
10e escadron, 11e compagnie	»	1,907	389	7,405	»	35	»	5,178	570	25,889	353,711	390,080	353,916
13e escadron, 13e compagnie	[illegible]	801	324	3,085	»	»	»	4,181	151	19,110	215,421	237,700	322,818
Totaux	491	6,062	2,758	37,978	»	576	96	41,492	2,877	123,[illegible]	[illegible]	[illegible]	3,058,895
A déduire : Rappels de solde	»	»	»	»	»	»	»	30	»	»	»	37	[illegible]
Reste	491	6,062	2,758	37,970	»	536	96	41,455	2,877	123,563	1,924,960	2,160,824	[illegible]
Excédent noté	1	18	5	100	»	1	»	113	0	538	(1) 5,275	5,884	5,380

(1) [illegible]

CHAPITRE 12. — Troupes d'administration.

DÉSIGNATION DES CORPS DE TROUPE.	1° OFFICIERS.				2° TROUPE.										
	[illegible]	[illegible]	[illegible]	[illegible]	Adjudants-chefs.	Adjudants.	Sergents-majors.	Sergents.	Adjudants.	Sergents-majors.	Sergents et sergents fourriers.	Caporaux-fourriers.	Caporaux.	Soldats.	TOTAUX.
MAROC ORIENTAL.															
Section de marche de commis et ouvriers militaires d'administration	90	270	»	360	88	785	469	1,216	»	»	2,115	»	12,389	81,775	102,869
Section de marche d'infirmiers militaires	360	»	»	360	187	734	142	3,323	1,067	»	3,739	»	7,158	76,872	93,503
MAROC OCCIDENTAL.															
Section de marche d'infirmiers [illegible]	[illegible]	270	»	270	500	2,259	181	4,474	»	31	3,031	189	9,305	88,090	108,673
Section de marche de commis et ouvriers militaires d'administration	»	301	»	301	616	1,516	285	6,636	11	»	5,301	567	18,798	269,023	301,785
Section de marche d'infirmiers militaires	276	150	36	[illegible]	790	3,731	580	15,737	5,040	»	16,390	764	38,198	463,354	530,652
TOTAUX	696	991	36	1,723	2,311	6,987	1,377	35,096	7,118	31	27,283	1,320	85,751	899,900	1,051,076
À déduire : Rappels de solde	»	»	»	»	»	»	»	»	»	»	»	»	»	»	»
RESTES	696	991	36	1,723	2,311	6,987	1,377	35,096	7,118	31	27,283	1,320	85,751	899,900	1,051,076
Effectif moyen	2	3	1	[illegible]	[illegible]	19	3	97	19	1	74	4	235	2,449	2,907

CHAPITRE [illegible]. — Gendarmerie.

RÉGIONS.	1° OFFICIERS					2° TROUPE — À cheval							2° TROUPE — À pied							Total de la troupe	CHEVAUX
	Chefs d'escadron	Capitaines	Lieutenants	Sous-lieutenants	Total	Adjudants	Maréchaux des logis chefs	Maréchaux des logis	Brigadiers	Gendarmes	Auxiliaires indigènes	Total	Adjudants	Maréchaux des logis chefs	Maréchaux des logis	Brigadiers	Gendarmes	Auxiliaires indigènes	Total		Nombre
Maroc oriental	»	»	150	226	[illegible]	500	»	1,320	2,160	13,611	»	17,651	»	360	330	401	3,019	»	4,111	21,562	33,787
Maroc occidental	3003	637	993	[illegible]	[illegible]	[illegible]	1,080	3,219	6,315	33,276	8,538	58,976	221	402	1,620	5,620	22,496	1,607	[illegible]	[illegible]	[illegible]
Totaux	35	637	1,143	226	[illegible]	750	1,089	4,539	8,475	55,085	8,538	78,857	221	859	2,062	6,020	25,120	1,604	35,945	109,779	60,373
Réserves spéciales	1	2	4	1	[illegible]	3	8	13	24	165	50	213	1	3	6	15		5	46	309	220

DÉSIGNATION DES CORPS D'ARMÉE.	Lieutenants-colonels.	Chefs de bataillon.	Capitaines.	Lieutenants.	Total.	Principaux.	de 1re classe.	de 2e classe.	de 3e classe.	Total.	Agents militaires.	Adjudants.	Sergents-commis.	Total.
Corps d'armée (Intérieur)	»	»	»	»	»	»	»	»	»	»	»	»	»	»
Algérie	»	»	»	»	»	»	»	»	8	»	»	»	»	»
Tunisie	»	»	»	»	»	»	»	»	»	»	»	»	»	»
Maroc oriental	»	»	220	»	220	»	»	360	»	360	579	357	736	1,093
Maroc occidental	»	»	»	90	90	»	360	477	242	1,079	1,159	978	»	978
Totaux	»	»	220	90	310	»	360	837	242	1,439	1,738	1,335	736	2,071
A déduire : Rappels de solde	»	»	»	»	»	»	»	»	»	»	»	»	»	»
Reste	»	»	220	90	310	»	360	837	242	1,439	1,738	1,335	735	2,071
[illegible]	»	»	1	»	1	»	1	2	1	4	5	4	2	6

CHAPITRE 22. — S[illegible] ... [illegible] ... des réguliers et harkas marocains.

DÉSIGNATION DES CORPS DE TROUPE.	OFFICIERS					TROUPE											PERSONNEL MAROCAIN						CHEVAUX
	[illegible]	[illegible]	[illegible]	[illegible]	TOTAL	[illegible]	[illegible]	[illegible]	[illegible]	[illegible]	[illegible]	[illegible]	[illegible]	[illegible]	[illegible]	TOTAL	[illegible]	[illegible]	[illegible]	[illegible]	[illegible]	TOTAL	[illegible]
[illegible] compagnies de [illegible] marocains	105	388	2.198	»	2.071	95	617	2.080	[illegible]	[illegible]	522	»	3.598	11.676	19.3[illegible]	1.033	382	1.02[illegible]	3.080	21.0[illegible]	31.8[illegible]	156.2[illegible]	[illegible]
[illegible] compagnies de cavalerie de remonte marocaine	»	146	710	»	856	»	395	240	[illegible]	[illegible]	8	»	1.880	3.779	6.800	»	7	262	358	7.627	6.950	65.288	[illegible]
[illegible] compagnies de cavalerie de remonte [illegible]	»	»	901	»	901	»	225	810	[illegible]	[illegible]	94	»	277	1.080	2.190	85	6	1.[illegible]	370	2.807	8.016	11.6[illegible]	[illegible]
[illegible]	105	[illegible]	[illegible]	»	[illegible]	[illegible]	[illegible]	[illegible]	[illegible]	[illegible]	880	»	[illegible]	16.751	28.3[illegible]	1.028	395	1.780	[illegible]	[illegible]	28.976	170.2[illegible]	[illegible]
A déduire : [illegible]	[illegible]	[illegible]	[illegible]	[illegible]	[illegible]	[illegible]	[illegible]	[illegible]	[illegible]	[illegible]	[illegible]	[illegible]	[illegible]	[illegible]	[illegible]	[illegible]	[illegible]	[illegible]	[illegible]	[illegible]	[illegible]	[illegible]	[illegible]
Reste	105	[illegible]	2.[illegible]	»	[illegible]	90	1.031	[illegible]	[illegible]	[illegible]	880	[illegible]	[illegible]	16.751	28.[illegible]	[illegible]	395	1.750	[illegible]	79.016	28.976	[illegible]	[illegible]
Grandes haltes	12	3	5	»	12	3	3	[illegible]	[illegible]	[illegible]	3	»	115	40	32	3	1	28	0	396	210	401	[illegible]

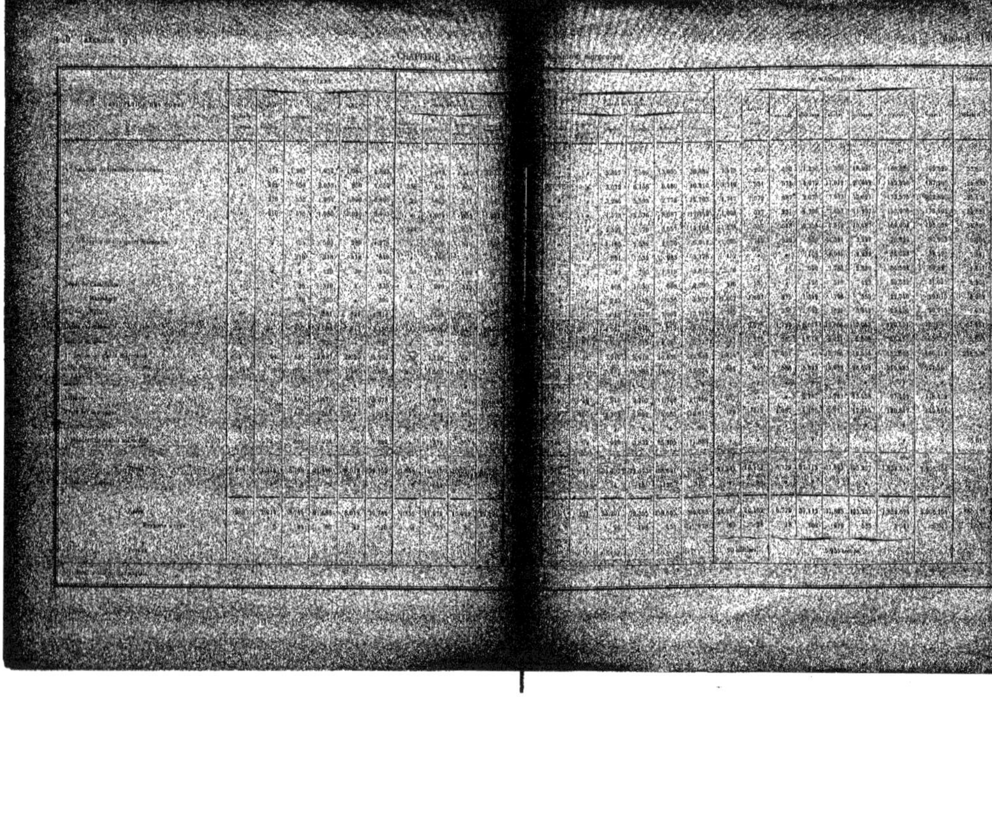

CHAPITRE 35

CHAPITRE 37. — États-majors.

DÉSIGNATION DES CORPS D'ARMÉE.	ARTICLE Ier. Généraux de division	Généraux de brigade	Totaux	CHEVAUX montés	ARTICLE II. [illegible]	Chefs de bataillon	Capitaines	Lieutenants	Totaux	CHEVAUX montés	ARTICLE III. Colonels	Lieutenants-colonels	Chefs d'escadron	Capitaines	Officiers d'administration	Totaux	CHEVAUX montés
Corps d'armée des troupes coloniales	»	115	115		»	»	»	»	»		»	»	»	»	258	258	»
Maroc	»	664	664	1,827	400	1,282	2,080	235	3,997	5,930	»	120	1,109	1,173	2,001	4,405	5,380
TOTAUX	»	779	779	1,827	400	1,282	2,080	235	3,997	5,930	»	120	1,102	1,173	2,259	4,703	5,380
EFFECTIF MOYEN	»	2	2	5	1	5	6	1	12	16	»	1	3	3	7	14	12

CHAPITRE 38. — Service de l'intendance.

DÉSIGNATION DES CORPS D'ARMÉE.	INTENDANTS militaires.	SOUS-INTENDANTS militaires de 1re classe.	SOUS-INTENDANTS militaires de 2e classe.	SOUS-INTENDANTS militaires de 3e classe.	ADJOINTS à l'intendance.	OFFICIERS d'administration principaux.	OFFICIERS d'administration de 1re classe.	OFFICIERS d'administration de 2e classe.	OFFICIERS d'administration de 3e classe.	TOTAUX.	CHEVAUX montés.
Corps d'armée des troupes coloniales	»	»	»	»	»	»	»	»	30	30	»
Maroc	»	»	360	922	855	»	720	2,158	323	5,338	4,681
TOTAUX	»	»	360	922	855	»	720	2,158	353	5,368	4,681
EFFECTIF MOYEN	»	»	1	3	2	»	2	6	1	15	13

CHAPITRE 39. — Service de santé.

DÉSIGNATION DES CORPS D'ARMÉE.	MÉDECIN inspecteur.	MÉDECINS principaux de 1re classe.	MÉDECINS principaux de 2e classe.	MÉDECINS-MAJORS de 1re classe.	MÉDECINS-MAJORS de 2e classe.	MÉDECINS aides-majors de 1re classe.	MÉDECINS aides-majors de 2e classe.	PHARMACIEN-MAJOR de 1re classe.	PHARMACIEN-MAJOR de 2e classe.	PHARMACIEN aide-major de 1re classe.	PHARMACIEN aide-major de 2e classe.	OFFICIER d'administration principal.	OFFICIER d'administration de 1re classe.	OFFICIER d'administration de 2e classe.	OFFICIER d'administration de 3e classe.	TOTAUX.	CHEVAUX montés.
Corps d'armée des troupes coloniales	»	»	»	»	»	»	»	»	»	»	»	»	»	»	»	»	»
Maroc	»	»	49	1,120	921	»	»	»	»	»	»	»	»	680	»	2,788	2,502
TOTAUX	»	»	49	1,120	921	»	»	»	»	»	»	»	»	689	»	2,788	2,562
EFFECTIF MOYEN	»	»	1	3	3	»	»	»	»	»	»	»	»	2	»	9	7

[illegible]

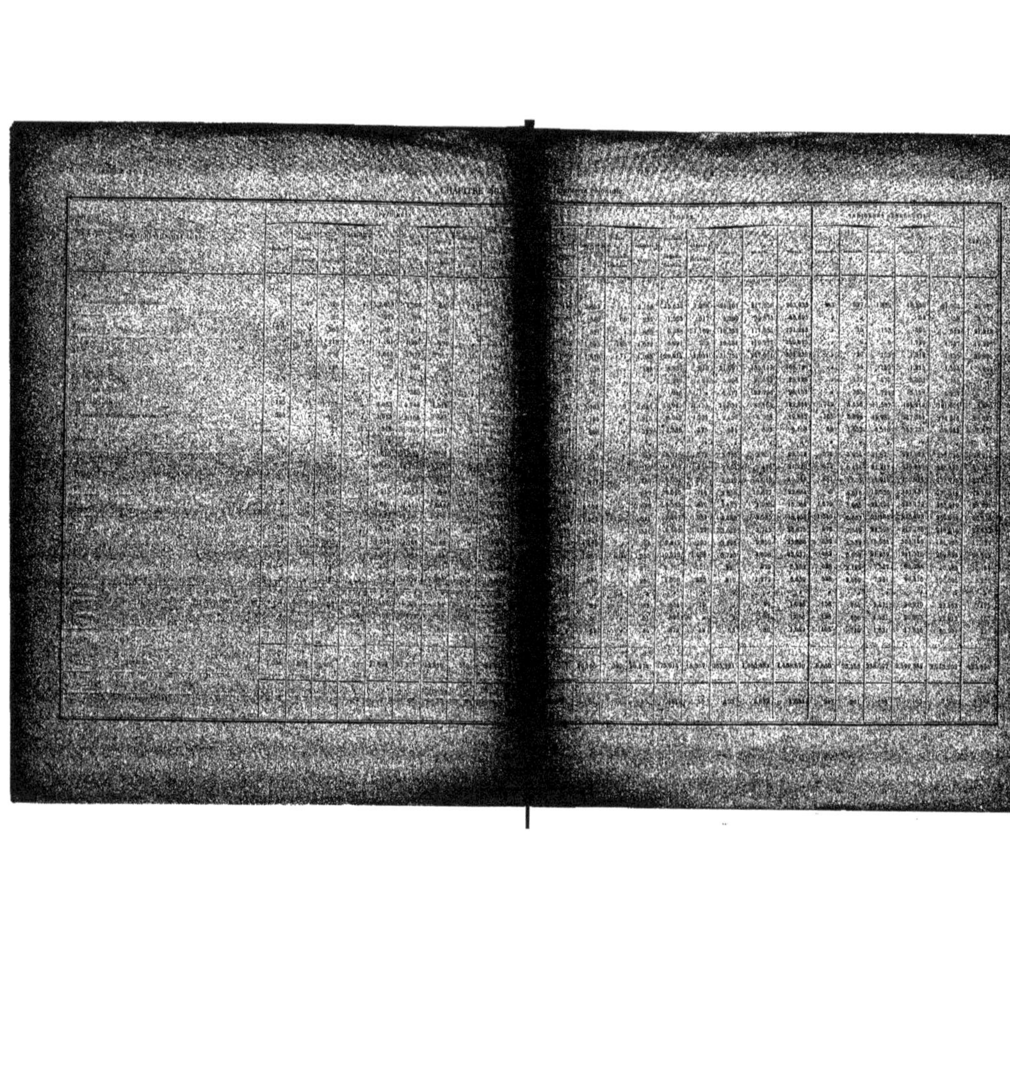

[illegible]

TROUPE									INDIGÈNES [illegible]				
360	300	2,658	215	2,060	1,301	16,271	21,66[illegible]	507	1,741	29,000	31,858	37,822
311	190	1,037	189	1,787	870	8,876	34,131	427	856	15,059	16,538	33,656
308	220	1,375	177	2,063	865	8,827	18,616	365	705	15,820	16,900	35,700
320	270	[illegible]	190	[illegible]	650	15,277	23,650	900	1,510	31,550	33,360	34,190
284	380	3,120	258	3,305	515	15,300	23,895	541	1,618	33,183	35,359	42,055
635	330	3,028	300	3,155	920	16,290	26,295	960	1,335	32,800	35,755	50,000
365	260	2,395	397	2,334	2,528	15,760	20,761	866	1,558	32,034	35,454	40,250
330	330	2,020	100	2,733	»	1,370	17,157	1,035	1,090	35,513	70,091	104,082
327	[illegible]	165	»	2,018	»	1,611	1,755	1,580	2,250	40,050	71,096	73,020
250	290	2,263	170	1,668	»	3,208	5,051	1,279	1,643	61,358	63,808	100,500
311	230	2,058	156	1,901	»	2,503	7,496	1,231	1,017	50,105	50,301	69,653
360	260	2,830	209	2,207	»	1,583	7,483	1,201	1,720	55,086	68,004	210,707
290	239	1,330	95	500	»	1,050	3,020	651	[illegible]	25,860	30,904	37,225
300	300	1,732	2,361	1,339	»	2,560	7,352	1,059	3,771	43,516	47,650	61,678
895	190	21,359	[illegible]	11,168	70	11,625	14,955	2,285	291	7,410	2,703	125
4,432	3,778	31,880	3,983	30,450	8,580	116,397	195,822	13,060	20,445	559,546	575,351	867,857
223	17	86	8	86	78	810	650	88	98	1,379	1,872	9,422

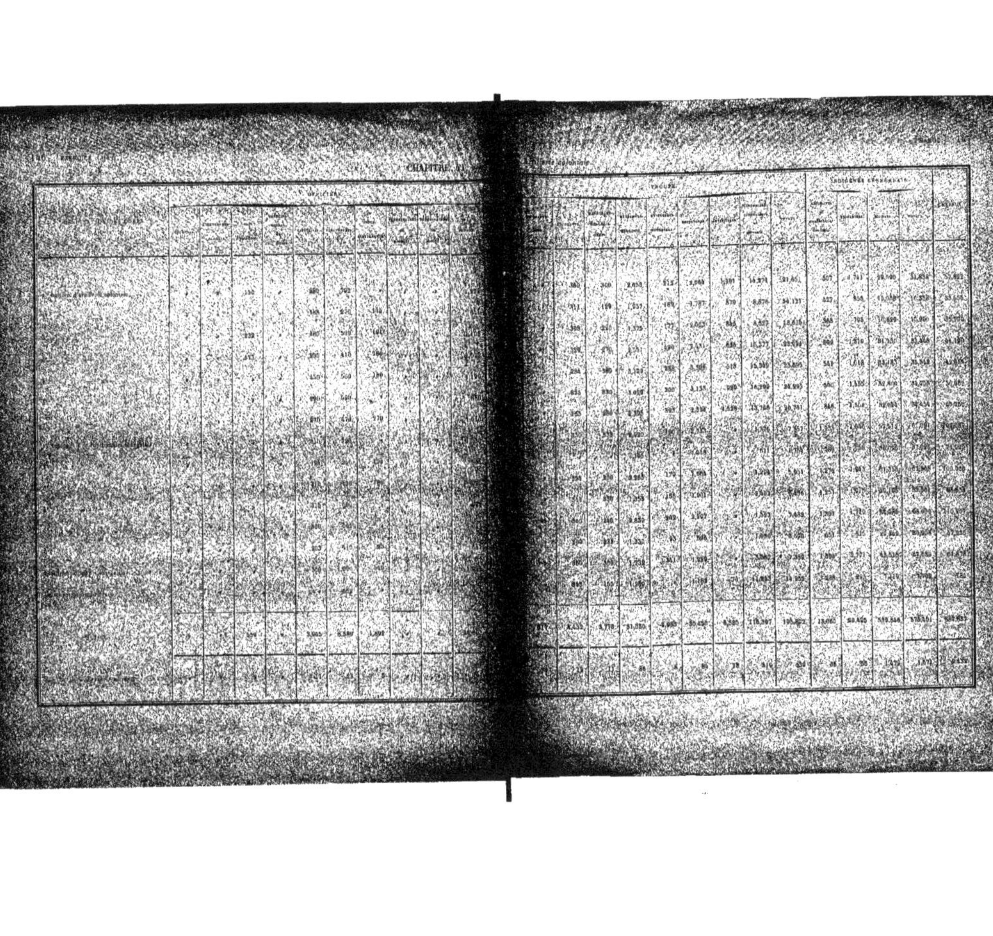

RÉCAPITULATION DE L'EFFECTIF GÉNÉRAL DE L'ARMÉE PENDANT L'ANNÉE 1914.

NUMÉROS des chapitres.	NUMÉROS des articles.	DÉSIGNATION DES CHAPITRES ET DES ARTICLES.	OFFICIERS.	TROUPE.	CHEVAUX.
		1° TROUPES MÉTROPOLITAINES.			
		ÉTAT-MAJOR GÉNÉRAL ET SERVICES GÉNÉRAUX DE L'ARMÉE.			
1	1	État-major général	5	"	10
	2	Service d'état-major	85	"	101
	3	Contrôle de l'administration de l'armée	1	"	"
	4	Affaires indigènes et interprètes militaires	210	"	285
	5	Service géographique	10	"	2
	6	Personnel de la trésorerie et des postes	41	"	29
	7	Divers	"	"	"
		Totaux	359	"	427
		ÉTATS-MAJORS ET SERVICES PARTICULIERS.			
2	1	État-major particulier de l'artillerie	14	12	24
	2	État-major particulier du génie	42	0	30
3	Unique.	Service de l'intendance	70	"	44
4	Unique.	Service de santé	184	"	153
5	Unique.	Vétérinaires militaires et dépôts de remonte mobile	33	185	1,130
10	1	Service de la justice militaire	15	6	"
		Totaux	358	212	1,321
		CORPS DE TROUPE.			
6	Unique.	Infanterie	783	33,000	2,807
7	Unique.	Cavalerie	155	5,210	4,227
8	Unique.	Artillerie	69	3,395	1,627
9	Unique.	Génie	38	1,463	375
10	Unique.	Aéronautique	5	80	5
11	Unique.	Train des équipages militaires	58	3,128	8,389
12	Unique.	Troupes d'administration	5	2,997	"
		Totaux	1,113	47,873	17,429
13	Unique.	Gendarmerie	8	308	220
22	2	Service des caravanes et barres marocains	11	77	491
		Totaux des Troupes métropolitaines	1,849	48,470	19,938
		2° TROUPES AUXILIAIRES INDIGÈNES MIXTES.			
7	2° P.	Formations auxiliaires indigènes mixtes : Goums mixtes marocains	"	3,080	649
		Formations auxiliaires indigènes mixtes : Goums et mogharzen	"	2,143	1,671
11	2° P.	Convois auxiliaires	"	2,536	"
22	"	Personnel marocain du service des remontes	3	915	"
33	1	Troupes auxiliaires marocaines	200	6,833	1,536
		Totaux des Troupes auxiliaires indigènes mixtes	203	14,605	3,855
		3° TROUPES COLONIALES.			
		ÉTATS-MAJORS ET SERVICES DIVERS.			
37	1	État-major général	2	"	5
	2	État-major particulier de l'infanterie coloniale	12	"	16
	3	État-major particulier de l'artillerie coloniale	14	"	12
38	Unique.	Service de l'intendance	15	"	13
39	Unique.	Service de santé	9	"	7
		Totaux	52	"	53
		CORPS DE TROUPE.			
40	Unique.	Infanterie coloniale	236	12,016	1,188
41	Unique.	Artillerie coloniale	41	2,110	2,432
		Totaux	277	14,126	3,620
		Totaux des Troupes coloniales	329	14,126	3,673
		Rappel des Troupes métropolitaines	1,849	48,470	19,938
		— Troupes auxiliaires indigènes mixtes	203	14,605	3,855
		Totaux généraux	2,381	77,[illegible]	27,466

TABLE DÉTAILLÉE DES MATIÈRES.

MAROC. — 1914.

1° TROUPES MÉTROPOLITAINES ET TROUPES AUXILIAIRES INDIGÈNES MIXTES.

2° TROUPES COLONIALES.

www.ingramcontent.com/pod-product-compliance
Ingram Content Group UK Ltd.
Pitfield, Milton Keynes, MK11 3LW, UK
UKHW022114070726
13613UKWH00003B/1068

9 782329 007274